W0298620

Martin Grünstäudl

99 Übungen für mehr Selbstvertrauen

Impressum:

Herstellung und Druck:
Createspace.com

ISBN-13: 978-1499110173
ISBN-10: 1499110170

Web: http://1001erfolgsgeheimnisse.com

Martin Grünstäudl

99 Übungen für mehr Selbstvertrauen

So wirst du selbstbewusster
und zufriedener

Über dieses Buch

Du leidest an einem schwachen Selbstvertrauen? Du bist schüchtern und schaffst es daher nie dich selbstbewusst zu behaupten? Du würdest dir gerne mehr zutrauen und dich so akzeptieren können wie du bist? Und nicht zu vergessen: Du möchtest insgesamt ein zufriedeneres Leben führen und mit offeneren Augen durch die Welt gehen?

Wenn du auch nur eine dieser Fragen mit JA beantwortet hast, dann ist dieses Buch genau richtig für dich. Es zeigt dir Schritt für Schritt, wie du deine Selbstakzeptanz zurückgewinnen kannst und wie du darauf aufbauend ein starkes Selbstvertrauen entwickelst.

Doch leider ist dies einfacher gesagt als getan. Denn um dein Selbstvertrauen nachhaltig zu stärken, ist es nötig, dass du konsequent über einige Monate hinweg mit diesem Buch arbeitest. Und dies ist alles andere als einfach, weil sich zwischendurch immer wieder der innere Schweinehund melden wird. Glaub mir: Ich kenne das ☺.

Doch wenn du dir die Mühe machst und Ausdauer beweist, dann wirst du belohnt. Ganz sicher!

Über den Autor

Martin Grünstäudl, Jahrgang 1983, ist Blogger und Buchautor. Unter anderem schreibt er regelmäßig Artikel in seinem Blog unter http://1001erfolgsgeheimnisse.com über Themen wie Glück und Erfolg im Leben, den Aufbau von Selbstvertrauen und über das richtige Setzen und Verfolgen von Zielen. Schau doch in seinem Blog mal vorbei und lass dich inspirieren!

INHALT

VORWORT

Liebe Leserin, lieber Leser,

ich verrate dir gleich zu Beginn ein Geheimnis über mich:

Vor ein paar Jahren noch war mein Selbstvertrauen total am Boden. Ich habe mir nichts zugetraut, mich selbst nicht wirklich leiden können und ich war schüchtern und verstört.

Nie im Leben traute ich mich meine Stimme zu erheben, wenn ich mal zornig war. Viel zu schüchtern war ich, um fremde Leute anzusprechen. Und wenn ich ein paar Worte vor einer Gruppe von Leuten sagen sollte, dann fing ich an zu schwitzen. Oft genug zögerte ich sogar im Hörsaal an der Fachhochschule eine Wortmeldung zu machen. Und wenn ich es nach großer Überwindung doch tat, zitterten meine Hände vor lauter Aufregung und Panik.

Wenn du selbst an einem schwachen Selbstvertrauen leidest, dann kann ich also mit dir mitfühlen. Und wenn ich das Wort „leiden“ benutze, dann meine ich das auch so. Denn wenn das Selbstvertrauen am Boden ist, leidet man wirklich. Die Wohlfühl- oder Komfortzone von der so viele sprechen, ist für Menschen mit geringem Selbstvertrauen nämlich sehr klein. Es gibt nur wenige Dinge, die du ohne Anspannung und Nervosität machen kannst, wenn du an einem solchen Mangel leidest.

Die gute Nachricht ist: Du kannst etwas an dieser Situation ändern. Du musst nicht dein Leben lang unter einem schwachen Selbstvertrauen leiden. Ich musste es ja auch nicht.

Ich gehöre zwar noch immer nicht zu jener Gruppe von Menschen, die aus dem Stegreif eine Rede vor tausenden von Leuten halten können und dafür auch noch tosenden Applaus erhalten. Ich kann aber jetzt ohne Probleme vor einer Gruppe von Menschen einen Vortrag halten ohne dabei zu schwitzen. Ich kann völlig fremde Menschen ansprechen und mich in ein nettes Gespräch mit ihnen verwickeln. Schlussendlich kann ich nun auch meine Stimme erheben, wenn mir etwas zuwider ist. Vor einigen Jahren wäre all das undenkbar gewesen.

Doch wie habe ich das geschafft?

Ganz einfach: Ich habe etwas Zeit und Mühe investiert, um mein angeschlagenes Selbstvertrauen aufzupäppeln. Vor allen Dingen habe ich bestimmte Übungen gemacht, die ich dir in diesem Buch präsentieren werde.

Doch ich sage gleich wie`s ist: Die Übungen in diesem Buch zu machen ist mit Aufwand verbunden. Die Frage ist also, ob du wirklich bereit dazu bist, die nötige Zeit zu investieren, um dein angeschlagenes Selbstvertrauen zu stärken? Bist du bereit dazu, endlich das Leben zu führen, welches du dir schon immer erträumt hast? Ohne ständig von deiner Schüchternheit und einem Mangel an Selbstvertrauen ausgebremst zu werden?

Wenn deine Antwort JA lautet, dann ist dieses Buch genau das richtige für dich.

Mach die Übungen in diesem Buch und ich garantiere dir, dass du schon bald viel selbstbewusster sein wirst!

Ach ja: Bitte verzeih mir, dass ich dich in der DU-Form anrede – und das obwohl wir uns noch gar nicht kennen. Aber das ist ganz einfach meine Art zu schreiben. Vor allem hoffe ich durch die DU-Form, dass du dich stärker angesprochen fühlst und ich dadurch besser dein Herz erreichen kann ☺.

Martin Grünstäudl
Krems an der Donau (Österreich) im Mai 2014
http://1001erfolgsgeheimnisse.com

EINLEITUNG

Warum du mehr Selbstvertrauen brauchst

Wenn du dieses Buch in Händen hältst, dann bist du ohnehin dazu bereit, etwas für dein angeschlagenes Selbstvertrauen zu tun. Dennoch möchte ich dir 7 gute Gründe nennen, warum du dein Selbstvertrauen stärken solltest. Ich mache dies deshalb, weil ich will, dass du die Übungen ernst nimmst und nicht einfach nur das Buch von vorne bis hinten durchliest und es dann wieder in die Ecke stellst. Dieses Buch solltest du als Arbeitsbuch betrachten, das dich über die nächsten Monate – wenn nicht sogar Jahre – begleiten wird. Doch diese Mühe wirst du womöglich nur dann auf dich nehmen, wenn du erkennst, dass es unbedingt notwendig ist, etwas für dein angeschlagenes Selbstvertrauen zu tun.

Doch genug herum geplappert. Hier sind 7 Gründe, die dich sicherlich davon überzeugen werden, etwas für dein Selbstvertrauen zu tun:

➔ **Grund #1: Nie wieder Gefühle der Angst und Panik**

Kennst du das auch? Du stehst vor einem Publikum von sagen wir mal 20 bis 30 Leuten und sollst einen kurzen Vortrag halten. Eigentlich gar nichts Dramatisches – der Vortrag dauert nur wenige Minuten. Dennoch bist du hypernervös, fängst an zu schwitzen und musst dich mächtig konzentrieren, dass du nicht auch noch zu stottern anfängst.

Oder ein anderes Beispiel: Du sitzt in einem Meeting / in einer Vorlesung an der Uni oder in der Schule und hättest zu einem bestimmten Aspekt etwas zu sagen. Doch wie immer traust du dich nicht so recht, weil du dir nicht hundertprozentig sicher bist, ob die anderen deine Ideen gut finden oder aber für den größten Mist halten werden. Allein schon durch den Vorsatz eine Wortmeldung zu machen, steigt dein Pulsschlag auf 150.

Menschen mit geringem Selbstvertrauen befällt in solchen Situationen, in denen andere Personen anwesend sind, oft das Gefühl der Angst oder sogar der Panik. „*Wie mögen die wohl über mich denken? Hoffentlich sage ich nichts Dummes über das sich dann alle lustig machen.*“ Diese und ähnliche Gedanken kommen auf und produzieren Angst.

Meiner Meinung nach reicht dieser erste Grund schon völlig aus um dein Selbstvertrauen endlich zu stärken – meinst du nicht auch? Dennoch gibt es sechs weitere Gründe, etwas für dein angeschlagenes Selbstvertrauen zu tun …

➔ Grund #2: Nie wieder Unzufriedenheit und Selbstzweifel

Gefühle der Angst und Panik sind eher kurzfristige Erscheinungen. Sie treten auf, wenn man sich in einer bestimmten Situation befindet, die außerhalb der eigenen Wohlfühlzone ist und als beängstigend empfunden wird – vor allem, wenn man sich inmitten einer größeren Gruppe von Menschen befindet.

Doch mit der Zeit kann mangelndes Selbstvertrauen auch dazu führen, dass man ständig Gefühle der Unzufriedenheit und des Selbstzweifels hat – auch wenn man ganz für sich alleine ist. Diese Gefühle sind zwar nicht so intensiv wie Angst und Panik – da sie aber langanhaltend auftreten, sind sie mindestens ebenso belastend. Im Extremfall kann dies mitunter zu Depressionen führen, was für die Betroffenen besonders schlimm ist.

Vor allem treten solche Gefühle dann auf, wenn man sich selbst nicht richtig leiden kann und auch keine Möglichkeit sieht, sich irgendwann zu verändern (weil man schließlich schon seit Jahrzehnten so ist und sich aller Bemühungen zum Trotz nicht wirklich geändert hat).

Das besonders Schlimme daran ist, dass dies ein selbstverstärkender Prozess ist. Umso niedergeschlagener man ist und sich einredet, sowieso nichts ändern zu können, desto unzufriedener oder gar depressiver wird man. Dies wiederum verstärkt die negativen Gefühle noch mehr usw…

➔ Grund #3: Nie wieder schüchtern sein

Menschen mit geringem Selbstvertrauen sind sich in Gegenwart anderer unsicher. Das muss nicht unbedingt eine Gruppe von anderen Leuten sein – es reicht schon ein Einzelner. Besonders schlimm ist es oft, wenn diese Person auch noch dem anderen Geschlecht angehört.

Doch selbst wenn es sich einfach um irgendjemand Fremden handelt, tun sich Menschen mit mangelndem Selbstvertrauen oft schwer ins Gespräch zu kommen bzw. dieses aufrecht zu erhalten. Was ja auch kein großes

Problem wäre, wenn man im Moment lieber für sich allein sein und nicht reden möchte. Doch das Tragische ist oft, dass man mit dem/der anderen was reden möchte, nur eben vor lauter Schüchternheit nicht kann. Man hat ständig Bedenken, dass man abgelehnt werden könnte und sagt somit nichts.

Schüchterne Menschen schlucken auch oft ihren Ärger über sich und andere Menschen hinunter und bleiben die ganze Zeit im Hintergrund. Niemals trauen sie sich die Stimme zu erheben und ihrem Ärger Ausdruck zu verleihen. Somit verändert auch niemand sein Verhalten gegenüber dem/der Schüchternen. „*Wenn er/sie nichts sagt, dann wird es ihm/ihr auch nicht stören*“ – so zumindest die vorherrschende Meinung der anderen. Somit bleibt so manche unschöne Situation für den Schüchternen unverändert immer dieselbe.

➔ Grund #4: Nicht ständig in seiner Komfortzone verharren müssen

Weil alles Neue mit schlechten Gefühlen und sogar mit Angst und Panik verbunden sein kann, vermeidet man mit der Zeit alles, was nicht alltäglich ist. Doch leider schränkt man sich auch massiv ein, wenn man nie Neues ausprobiert.

Kein Wunder also, dass Menschen mit geringem Selbstvertrauen immer auf der Stelle treten, wenn sie ihre Komfortzone aufgrund negativer Gefühle nie verlassen wollen. So verändert sich auch nie etwas zum Guten.

Man bekommt dadurch keinen besseren Job. Man traut sich nie im Leben sich selbständig zu machen. Man tritt diesem einen Verein nicht bei, weil man sich nicht hingehen traut etc. etc. …

Das kann`s doch nicht sein, oder?

➔ Grund #5: Nie wieder Arroganz als Selbstschutz einsetzen müssen

Du hast solche Leute sicher schon mal getroffen: Sie reden nicht viel und sind sehr verschlossen. Doch wenn sie nicht anders können und mal reden müssen, dann geben sie sich überaus cool. Manchmal wirken sie auch etwas arrogant.

Personen im Umfeld glauben dann oft, dass ihnen nicht viel an anderen liege und sie eben lieber allein sind. Doch das Gegenteil ist oft der Fall: Diese Coolness und Arroganz, die sie an den Tag legen, dient einzig und allein dem Selbstschutz.

Sie möchten sich möglichst cool geben, damit niemand mitbekommt, dass sie in Wahrheit extrem schüchtern und verschlossen sind. Sie möchten, dass die anderen glauben, dass genau das Gegenteil der Fall ist.

Zudem kommen sie sich durch dieses Verhalten auch selbst viel besser und sogar anderen gegenüber überlegen vor. Das brauchen sie, um ihren eigenen Selbstwert zu schützen.

Doch natürlich ist das ein Teufelskreis: Durch die Arroganz kommt man bei anderen nicht besonders gut an. Dies wiederum verhindert, dass man neue Freunde findet und schöne Bekanntschaften schließt. Da man sich selbst nicht eingestehen möchte, dass die anderen nichts von einem wollen, verstärkt man sein Verhalten noch weiter – um sich eben selbst einzureden, dass man die anderen nicht braucht und man ohnehin viel cooler und besser ist als alle anderen.

Natürlich zeigt man solches Verhalten im Normalfall nicht ständig, sondern nur in bestimmten Situationen, wie zum Beispiel am Arbeitsplatz oder an der Uni. Zuhause bei der Familie ist man häufig überaus umgänglich. Es dient eben als Selbstschutz um von anderen nicht verletzt und gedemütigt zu werden. Wenn ich Fremde erst gar nicht an mich heranlasse, dann können sie mich auch nicht verletzen.

➔ Grund #6: Endlich kritikfähig sein

Mangelndes Selbstvertrauen führt oft genug dazu, dass man sich selbst nicht mehr verbessern kann – egal in welchem Bereich.

Denn: Als Selbstschutz lässt man jegliche Kritik von sich abprallen. Dies führt dazu, dass man auch konstruktiver Kritik keine Beachtung mehr schenkt und sich somit nicht weiterentwickeln kann.

Dieser Umstand kann zu vielfältigen Problemen führen und sich sowohl beruflich als auch privat negativ auswirken.

➔ **Grund #7: Keine gesundheitlichen Probleme durch Dauerstress**

Langanhaltende Gefühle der Unzufriedenheit und periodisch auftretende Angst- und Panikattacken verursachen jede Menge Stress. Übersteigt dieser einen gewissen Level, dann wird es ungesund. Unter Umständen führt dies sogar zu massiven gesundheitlichen Problemen.

Vor allem kann anhaltender Stress zu hohem Blutdruck, Herz-Kreislauf-Erkrankungen und Magenbeschwerden führen. Der Grund hierfür ist einleuchtend: Unsere Vorfahren konnten die Stresshormone durch Kampf oder Flucht schnell wieder abbauen. Wir können das hingegen nicht mehr.

Denn wie willst du Stresshormone abbauen, wenn du bereits zwei Tage im Vorfeld eines Vorstellungsgespräches nervös bist? Dann kannst du diese Stresshormone eben nicht so einfach durch Kampf oder Flucht loswerden wie unsere Vorfahren – du stehst vielmehr die nächsten 48 Stunden unter Strom. Und das kann mit der Zeit zu gesundheitlichen Problemen führen.

Na? Überzeugt, dass du etwas für dein angeschlagenes Selbstvertrauen tun solltest? Dann beginne am besten noch heute mit den Übungen in diesem Buch!

Doch zuvor lies dir bitte noch die Tipps zur Verwendung des Buches auf den folgenden Seiten durch. Damit stellst du sicher, dass du maximal von den vorgestellten Übungen profitieren wirst ☺.

Tipps zur Verwendung dieses Buches

Ich sage dir gleich wie es ist: Wenn du dieses Buch bloß als Urlaubslektüre ansiehst, dann hast du wenig bis keinen Nutzen davon. Dieses Buch ist als Arbeitsbuch gedacht. Wenn du keinerlei Zeit und Mühen für den Aufbau von Selbstvertrauen verwenden willst, dann schenk es bitte jemandem, der bereit dazu ist. Erst dann hat dieses Buch nämlich seinen Zweck erfüllt und es profitiert jemand von den hier vorgestellten Übungen.

Wenn du jedoch selbst bereit dazu bist, etwas Zeit und Mühen in die Stärkung deines angeschlagenen Selbstvertrauens zu investieren, dann beglückwünsche ich dich von ganzem Herzen.

Ich kann dir versichern, dass du mittelfristig bereits Erfolge erkennen wirst – sofern du die Übungen in diesem Buch ernst nimmst. Dies klingt natürlich erstmal nach viel Arbeit. Und ganz ehrlich: Das ist es auch. Doch andererseits investierst du diese Zeit ja in dich selbst. Ich hoffe inständig, dass du es dir wert bist, regelmäßig Zeit in dich selbst zu investieren!

Zudem machst du ja kein Wettrennen daraus. Und falls doch, dann sieh den Aufbau von mehr Selbstvertrauen eher als einen Marathon denn als einen Sprint an. Zeit, die du beständig Woche für Woche nebenher investierst, ist viel besser angelegt, als sich ein paar Tage mit nichts anderem zu beschäftigen, um alsbald die Lust daran zu verlieren. Mach es dir also zur Gewohnheit, dich zumindest einmal pro Woche hinzusetzen und irgendeine Übung aus diesem Buch zu machen.

Doch der Reihe nach: Insgesamt habe ich 7 Tipps für dich, um maximal von diesem Buch profitieren zu können. Lies sie dir aufmerksam durch und befolge sie bitte so gut es geht – du wirst es nicht bereuen ☺:

➔ **Tipp #1:**

Investiere regelmäßig Zeit in die Ausführung der Übungen. Am besten reservierst du dir einen Tag in der Woche, an dem du dich mit einer der

Übungen aus diesem Buch beschäftigst. Reserviere dir hierfür mindestens eine Stunde. Diese eine Stunde pro Woche sollte fortan für die nächsten Monate das Minimum sein, mit der du dich um dein angeschlagenes Selbstvertrauen kümmerst.

Das heißt aber nicht, dass du nicht mehr tun kannst, wenn du Lust dazu hast. Wenn du mal den Drang dazu verspürst, deutlich mehr in deine eigene Entwicklung zu investieren, dann nur zu! Es liegt mir fern, dich davon abzuhalten ☺ .

➔ **Tipp #2:**

Wichtig ist, dass du dich nicht unter Druck setzt! Es bringt nichts, wenn du dir vornimmst, jeden Tag eine Stunde in diese Übungen zu investieren, wenn von vornherein feststeht, dass du dieses hehre Ziel nie verwirklichen wirst können. Im Gegenteil: Verfehlte Ziele nagen noch zusätzlich an deinem ohnehin bereits ramponierten Selbstvertrauen. Somit ist es erstmal klug, sich nicht zu viel vorzunehmen.

Und glaub mir: Selbst wenn es meist bei dieser einen Stunde pro Woche bleibt, so tut sich dennoch einiges in puncto Selbstvertrauen.

„Der Langsamste, der sein Ziel nicht aus den Augen verliert, geht immer noch schneller als der, der ziellos umherirrt“

(Gotthold Ephraim Lessing).

➔ **Tipp #3:**

Einmal durchgeführte Übungen dürfen wiederholt werden! Nur weil du die eine oder andere Übung bereits gemacht hast, heißt das noch lange nicht, dass eine erneute Beschäftigung damit nicht trotzdem einen Nutzen bringen würde.

Im Gegenteil: Sehr oft ist es überaus nützlich, nach ein paar Monaten ein und dieselbe Übung zu wiederholen. Es ist sehr wahrscheinlich, dass du dadurch neue Erkenntnisse gewinnst und, dass du deine hoffentlich bereits positiven Gedanken, die du nun über dich hast, noch zusätzlich festigen kannst.

Oft führt erst Wiederholung zum Erfolg! Nur durch permanente Wiederholung kann dir etwas in Fleisch und Blut übergehen.

➔ **Tipp #4:**

Beschäftige dich auch mit Übungen, die dir auf den ersten Blick nicht besonders liegen. Es hat nämlich einen Grund warum das so ist. Oftmals sind eben genau diese Übungen jene, von denen du am meisten profitieren kannst. Gib also möglichst jeder der Übungen in diesem Buch eine Chance!

Von dieser Regel sind nur ganz wenige Übungen ausgenommen. Denn natürlich ist es nicht jedermanns Sache, einen Psychotherapeuten aufzusuchen oder eine Pilgerreise anzutreten. (Obwohl beides durchaus einen Nutzen für dein Selbstvertrauen hätte.) Womöglich wirst du dies auch erst dann wagen, wenn du dein Selbstvertrauen bereits durch andere Übungen hinreichend gestärkt hast.

➔ **Tipp #5:**

Kauf dir ein Notizbuch, in dem du die schriftlichen Übungen machst, die in diesem Buch aufgeführt sind. Notiere dir ruhig auch deine Eindrücke, die du bei jenen Übungen hast, die nicht zwingend schriftlich durchzuführen wären. Durch das Aufschreiben strukturierst du deine Gedanken und kommst so auf vieles drauf, auf das du ansonsten nie gekommen wärst. Außerdem kannst du später immer wieder in deinen Aufzeichnungen blättern und somit längerfristig davon profitieren.

➔ **Tipp #6:**

Beginne erstmal chronologisch mit der Ausführung der Übungen. Fang bei Übung Nr. 1 an und weiche davon nicht ab, ehe du zumindest die ersten 11 Übungen durchgeführt hast. Denn diese Übungen konzentrieren sich allesamt auf positive Dinge in deinem Leben und helfen dir, ein Mindestmaß an Selbstakzeptanz und Selbstvertrauen zurückzugewinnen, bevor du dich an die eine oder andere schwierigere Übung heranwagst.

Danach kannst du dir allerdings aussuchen, auf was du dich als nächstes konzentrieren möchtest – je nachdem nach was dir der Sinn steht. Achte lediglich darauf, dass manche der Übungen zusammengehören, so zum Beispiel die Übungen 61, 62 und 63 zur Hinterfragung deiner Glaubenssätze.

Und wie gesagt: Es ist keineswegs verboten, einzelne Übungen auch immer wieder zu wiederholen ☺ .

➔ **Tipp #7:**

Verliere keine Zeit mehr und beginne sofort mit der ersten Übung in diesem Buch. Es ist besonders wichtig, dass du gleich startest und dies nicht weiter hinausschiebst. Lies dir die Anleitung zur ersten Übung aufmerksam durch, nimm dir Papier und Bleistift zur Hand und beginne die Übung durchzuführen. Verschiebe das bitte nicht auf morgen oder nächste Woche. Nur was du gleich beginnst, hat eine reelle Chance durchgezogen und nicht gleich wieder verworfen zu werden!

Viel Spaß und Erfolg auf deinem Weg zu mehr Selbstvertrauen!

99 ÜBUNGEN FÜR MEHR SELBSTVERTRAUEN

Kapitel 1

...

Sich selbst akzeptieren lernen

Dieses erste von insgesamt acht Kapiteln ist gemessen an der Anzahl der Übungen gleichzeitig auch das längste. Insgesamt finden sich darin bereits 22 der insgesamt 99 Übungen.

Die Inhalte dieses Kapitels zielen allesamt darauf ab, deine Selbstakzeptanz aufzubauen, welche die Basis ist, auf der in weiterer Folge dein Selbstvertrauen wachsen kann. Es bezeichnet den Zustand, in dem man sich voll akzeptiert – mit all seinen Stärken und Schwächen.

Da die Selbstakzeptanz für ein gesundes Selbstvertrauen so überaus wichtig ist, habe ich dieses Kapitel an den Anfang des Buches gestellt. Und nicht nur das: Ich würde an deiner Stelle unbedingt hier mit deiner Reise zu mehr Selbstvertrauen beginnen – und nicht an irgendeiner anderen Stelle des Buches.

Auf was wartest du also noch? Los geht`s!

☺

→ Übung Nr. 1: Der eigenen Stärken bewusst werden

In dieser ersten Übung geht es ausschließlich um deine Stärken. Deine Schwächen kennst du wahrscheinlich bereits ziemlich gut – unser innerer Kritiker hält sie uns ja ständig vor. Unsere starken Seiten vernachlässigen wir jedoch meist und würdigen sie fast nie. Deshalb sind sich viele Menschen schon gar nicht mehr bewusst, dass sie auch starke Seiten vorzuweisen haben. Womöglich geht es dir genauso.

Doch damit ist jetzt Schluss! Die folgende Übung sorgt dafür, dass du dir deiner Stärken wieder besser bewusst wirst – damit machst du bereits den ersten Schritt in Richtung größere Lebenszufriedenheit. Nimm dein Notizbuch und einen Stift zur Hand und mach die heutige Übung unbedingt schriftlich!

Schritt 1: Brainstorming

Nimm dir genau 10 Minuten Zeit und schreib auf eine Seite deines Notizbuches alles auf, was dir an eigenen Stärken so in den Sinn kommt. Und damit meine ich wirklich alles! Stell am besten einen Wecker auf 10 Minuten (zum Beispiel auf deinem Handy) und beginn wie wild drauflos zu schreiben. Es gilt nämlich: Quantität vor Qualität. Egal was dir auch einfallen mag – schreib es auf. Auch wenn es dir noch so banal oder komisch vorkommen sollte – schreib alles auf was dir in den Sinn kommt.

Schritt 2: Einige wichtige Fragen beantworten

Beantworte im Anschluss an das Brainstorming unten stehende Fragen. Es ist wichtig, dass du das gleich im Anschluss machst und zu diesem Zeitpunkt noch nicht deine Gedanken aus dem Brainstorming ordnest. Das solltest du erst ganz zum Schluss machen, wenn du alle Impulse dieser ersten beiden Schritte einsammelst.

Welche positiven Charakterzüge besitze ich?

Um diese Frage zu beantworten, sieh dir mal folgende Charakterstärken an, die der Glücksforscher Martin Seligman aufgestellt hat:

Die Charakter- oder Signaturstärken nach Martin Seligman			
Kreativität	Neugier	Urteilsvermögen	Lerneifer
Weitsicht	Tapferkeit	Durchhalte-vermögen	Ehrlichkeit
Enthusiasmus	Bindungs-fähigkeit	Freundlichkeit	Soziale Kompetenz
Teamfähigkeit	Fairness	Führungs-vermögen	Vergebungs-bereitschaft
Bescheidenheit	Besonnenheit	Selbstkontrolle	Sinn für das Schöne
Dankbarkeit	Optimismus	Humor	Spiritualität

Welche Charakterstärken treffen auf dich besonders zu? Notiere mindestens drei, die am deutlichsten auf dich zutreffen. Doch nicht nur das: Kommen dir Beispiele in den Sinn, zu welchen Anlässen du diese Charakterstärken ausgespielt hast? Halte auch diese Beispiele schriftlich fest.

Welches besondere Wissen, welche Fähigkeiten und Fertigkeiten besitze ich?

Um diese Frage zu beantworten, solltest du sowohl an das berufliche als auch an das private Umfeld denken. Welches Fachwissen konntest du dir in den vergangenen Jahren und Jahrzehnten aneignen, das die meisten von uns eben nicht vorzuweisen haben?

Hast du bestimmte Fähigkeiten und Fertigkeiten, die dich vom Durchschnitt abheben?

Was geht mir gut von der Hand?

Diese Frage hängt unmittelbar mit der vorigen zusammen. Gibt es Tätigkeiten, die dir leicht fallen – vielleicht leichter als den meisten anderen? Das könnte einen Hinweis auf eine spezielle Begabung geben.

Welche Stärken habe ich in der Vergangenheit bereits erfolgreich eingesetzt?

Bist du in der Vergangenheit schon mal vor einem schwierigen Problem gestanden und hast dieses mit Bravour gelöst? Oft nehmen wir dies als selbstverständlich hin und denken nicht länger darüber nach. Doch andere hätten dies vielleicht nicht so gut hinbekommen.

Falls dir die Beantwortung dieser letzten Frage schwer fallen sollte, dann bedenke: Irgendwann hast du sicher schon mal ein schwieriges Problem gelöst – du erinnerst dich nur nicht mehr so leicht daran. Nimm dir also ausreichend Zeit und denke gründlich über diese Frage nach – solange, bis du zufrieden stellende Antworten gefunden hast.

Schritt 3: Eine Liste mit persönlichen Stärken erstellen

Nun nimm deine Aufzeichnungen aus den ersten beiden Schritten zur Hand und erstell eine Liste mit deinen Stärken. *Was zeichnet dich aus? Worin bist du gut?*

Du kannst diese Liste nun entweder in deinem Notizbuch anlegen oder aber per Computer abtippen und ausdrucken. Diese Liste kannst du vor allem dann zur Hand nehmen, wenn dich wieder einmal Selbstzweifel plagen sollten oder du in pessimistischer Stimmung bist. Diese Liste kann wahre Wunder wirken und deine Laune in Windeseile verbessern.

Und noch etwas: Lass am Ende ein paar Freiräume offen um später noch weitere Stärken notieren zu können, die dir zum jetzigen Zeitpunkt noch nicht in den Sinn kommen.

Beachte außerdem, dass es dir zu Beginn schwer fallen könnte persönliche Stärken zu benennen. Das hat aber nichts damit zu tun, dass du nicht viele Stärken hast. Es hat viel eher damit zu tun, dass du sehr wenig Selbstakzeptanz und Selbstvertrauen besitzt und immer nur an deine Schwächen denken kannst. Sollte dies der Fall sein, dann mach dir bewusst, dass jetzt nicht der richtige Zeitpunkt ist, um deine Gedanken kritisch zu zensieren. Außerdem solltest du in diesem Fall die Übung ein paar Tage hintereinander machen. Es wird dir an einem anderen Tag sicher eine weitere persönliche Stärke einfallen, auf die du heute noch nicht gedacht hast. Wenn du die Übung an einem anderen Tag fortführst, dann wird sie sich wahrscheinlich auch nicht mehr so komisch und falsch anfühlen wie am ersten Tag.

➔ Übung Nr. 2: Das würde ich als Außenstehender an mir gut finden

Du hast nun eine Liste mit persönlichen Stärken erstellt. Darin hast du beschrieben, wie du dich selbst derzeit siehst. Doch das ist natürlich nur die halbe Wahrheit. Interessant ist außerdem, wie dich andere sehen. Doch bevor wir in Übung Nr. 3 andere Personen um ihre Meinung zu deinen Stärken bitten, versetz dich doch selbst mal in sie hinein und frage dich, wie sie dich wahrnehmen.

Visualisiere hierzu mindestens drei Personen. Versetze dich in sie hinein und notiere zu jeder Person jeweils fünf Eigenschaften, mit denen sie dich beschreiben würde. Konzentriere dich dabei wiederum nur auf deine Stärken. Vervollständige dabei den Satz „Ich bin ...“

Für diese Übung brauchst du wahrscheinlich nicht länger als fünf, maximal 10 Minuten. Die ersten Gedanken, die dir in den Sinn kommen, sind meist sowieso die besten.

Na? Auf was wartest du noch? Los geht`s!

Schau dir anschließend die Liste an. Gibt es Unterschiede in der Wahrnehmung deiner Person? Ich denke ja. Jede Person wird wahrscheinlich ein oder zwei Stärken in dir sehen, welche andere weniger stark wahrnehmen. Einfach deshalb, weil wir in unserem Leben unterschiedliche Rollen einnehmen. Einmal sind wir der fürsorgliche Vater oder die fürsorgliche Mutter, dann wiederum sind wir Kollege/Kollegin am Arbeitsplatz oder engagiertes Mitglied in einem Verein.

Doch diese Übung sollte dir noch etwas anderes bewusst machen: Du verfügst über eine Vielzahl potentieller Stärken und positiver Charaktereigenschaften, die in unterschiedlichen Situationen zum Vorschein kommen und je nach Person auch unterschiedlich wahrgenommen werden. Stärken sind somit höchst subjektiv. Dies wiederum legt den Schluss nahe, dass es mit deinen Schwächen nicht anders ist. Auch diese sind höchst subjektiv.

➔ Übung Nr. 3: Stärken, die andere an mir bemerken

Die ersten beiden Übungen enthielten die eigene Sicht auf deine Stärken. Das ist ein guter Anfang. Doch es ist hundertmal befriedigender zu hören, was andere über unsere Stärken zu sagen haben. Und darum geht es in der dritten Übung.

Hör dir mal an, was andere Positives über dich sagen. Das kann dir durchaus noch mal die Augen öffnen. Wichtig dabei ist, dass du dich abermals ausschließlich auf deine Stärken konzentrierst. Vorerst ist es das Ziel, deine angeschlagene Selbstakzeptanz wiederherzustellen. Und da sollten wir besser mit den positiven Seiten beginnen und die negativen zunächst mal außen vor lassen.

Doch eines solltest du beachten: Es gibt nicht *das* Fremdbild, das andere von dir haben. Je nachdem in welcher Rolle wir uns gerade wiederfinden – ob wir zuhause bei der Familie, bei der Arbeit oder im Verein sind – nehmen uns die Leute anders war. Wir verhalten uns ja auch zum Teil recht unterschiedlich – und zwar je nach Situation und Umgebung in der wir uns gerade befinden.

Deshalb solltest du dich an unterschiedliche Menschen wenden und sie fragen, was sie Positives an dir schätzen. Anfangen würde ich mit Familienmitgliedern und mit deinem besten Freund bzw. deiner besten Freundin. Das ist mit Sicherheit am einfachsten.

Stell diesen Personen folgende Fragen:

Welche positiven Charakterzüge besitze ich?

Warum denkst du, dass ich gerade diese Charakterzüge besitze?

Welche Stärken und Fähigkeiten schreibst du mir zu und warum?

Wichtig: Du musst diese Personen unbedingt darauf hinweisen, dass sie dir nur die positiven Dinge an dir verraten sollen. Kein einziger Satz sollte in einem „*Aber*“ münden.

<u>Eine mögliche Zusatzaufgabe:</u>

Zumindest eine Person deines Vertrauens könntest du außerdem darum bitten, die Fragen nicht nur mündlich, sondern sogar schriftlich zu beantworten. Dabei sollte wirklich jede einzelne Stärke zur Sprache kommen – auch wenn es noch so kleine und scheinbar unbedeutende Dinge sein mögen. Durch die Verschriftlichung wird die Analyse deiner Stärken im Normalfall um ein Vielfaches detaillierter, da sich die betreffende Person in der Regel deutlich mehr Zeit dafür nimmt.

➔ Übung Nr. 4: Bisherige Erfolge bewusst machen

In den ersten drei Übungen hast du nach deinen persönlichen Stärken gesucht. Nun kannst du als nächstes jenes würdigen, was du bisher schon erreicht hast in deinem Leben. Meist haben wir nämlich bereits Dinge im Leben erreicht, die gar nicht so alltäglich sind. Wir würdigen all diese Erfolge aber nicht, da wir sie als selbstverständlich hinnehmen.

Nimm also erneut dein Notizbuch zur Hand und mach die folgende Übung unbedingt schriftlich. Durchleuchte dazu die nachstehenden fünf Säulen deines Lebens nach Erfolgen, die du in der Vergangenheit bereits feiern konntest:

Erste Säule: Arbeit, Status und Leistung

Hier fällt es sehr oft am einfachsten, bisherige Erfolge ausfindig zu machen:

Welche beruflichen Erfolge konntest du bereits feiern? Welche besonderen Leistungen hast du in der Vergangenheit erbracht? Was hast du beruflich bisher alles gelernt? Welche Prüfungen hast du bereits absolviert? Verfügst du womöglich über eine langjährige Arbeitserfahrung? Konntest du auch Erfolge im Team feiern? Hast du schon einmal erfolgreich Führungsaufgaben übernommen? Wurdest du mal für eine besondere Leistung gelobt?

Und so weiter…

Zweite Säule: Freunde, Lebenspartner und soziale Beziehungen

Welche Beziehungen zu Menschen unterhältst du, die dir sehr am Herzen liegen und die dir ein gutes Gefühl geben? (gute Freundschaften und Bekanntschaften entstehen meist nicht zufällig) *An welche Menschen erinnerst du dich gern zurück, zu denen du jedoch den Kontakt verloren hast? Wie sind diese Beziehungen damals entstanden?*

Blicke als nächstes zurück auf die Zeit, wo du zuhause bei deinen Eltern gewohnt hast: *Was war da alles positiv? Wann konntest du dich auszeichnen?*

Richte deinen Blick auch auf deine Freunde: *Wann konntest du Positives bewirken? Wann haben deine Freunde von dir profitiert? Was hast du alles Positives erlebt?*

Frage dich auch, welche Erfolge du im Kollegen- und Bekanntenkreis feiern konntest.

Dritte Säule: Gesundheit, Körper und Psyche

Welche Erfolge hast du hier gefeiert? Vielleicht hast du bereits wichtige Bewerbe bei Sportveranstaltungen gewonnen? Gab es etwas, worin du wirklich gut warst oder es noch immer bist? Gab es Situationen in deinem Leben, in denen du psychisch stark warst und dadurch schwierige Probleme gelöst hast? Hast du bereits Komplimente für dein Aussehen, deine Fitness oder deine psychische Stärke bekommen? Hast du in der Vergangenheit schon mal mentale Stärke bewiesen und dadurch womöglich viel Gewicht verloren oder ein Problem erfolgreich aus der Welt geschafft?

Vierte Säule: Materieller Besitz und Einkommen

Was besitzt du alles? Gerade hier sind wir ja meist unzufrieden, weil wir oft den Blick auf Dinge richten, die wir nicht haben. Doch denke an die Menschen in der dritten Welt, die wirklich fast nichts haben. Nichts ist selbstverständlich im Leben.

Was besitzt du also materiell alles, was auf deine eigene Leistung zurückzuführen ist?

Fünfte Säule: Persönliche Werte und Entwicklung

Wie hast du dich bisher entwickelt? Meist entwickelt sich unsere Persönlichkeit und auch unser Wissen und Können ständig weiter. Im überwiegenden Fall entwickeln wir uns positiv weiter. Wir nehmen das aber nicht wahr.

Vergleiche dich mal mit früher: *Worin bist du nun besser als noch vor fünf Jahren? Welche Charakterzüge hast du erworben, die positiver sind als deine früheren?*

...

Lass dir genug Zeit zum Nachdenken. Du solltest für jeden dieser fünf Bereiche mindestens einen kleineren Erfolg ausfindig machen. Wenn du recht selbstkritisch bist, dann wird dir diese Übung erneut recht schwerfallen. Doch stelle dich ihr, es lohnt sich! Gib der Übung eine Chance. Du wirst sehen, dass sie dir die Augen öffnen kann, da du mit einem Mal erkennst, dass du doch nicht so erfolglos bist, wie du dich oft vielleicht fühlst.

➔ Übung Nr. 5: Visualisierung vergangener Erfolge

Diese Übung knüpft unmittelbar an die vorhergehende an. Der Unterschied ist der, dass du vergangene Erfolge nicht wie vorhin schriftlich beschreibst, sondern diese Erfolgsmomente vor deinem geistigen Auge abspielen lässt.

Wähle für deine erste Visualisierung einen besonders schönen früheren Erfolgsmoment aus, den du nun in Gedanken erneut durchleben willst. Schau dir dazu deine Notizen zu voriger Übung an und entscheide dich aufgrund dieser Aufzeichnungen für den bisher schönsten Moment in deinem Leben. Welcher dieser vergangenen Momente weckt bei dir die schönsten Gefühle? An was erinnerst du dich am liebsten zurück? Mit der Visualisierung genau dieses Moments solltest du beginnen.

Stell dir die Situation möglichst konkret vor, mit so vielen Details wie möglich:

Wie war das damals genau? Wo warst du zu jenem Zeitpunkt? Welche Personen waren sonst noch anwesend oder gar beteiligt? Was genau hast du gemacht, auf das du stolz sein konntest?

Was war das damals für ein Gefühl?

Lass dir solange Zeit für die Visualisierung, wie du brauchst, um die ganze Szene in allen Details vor dir abspielen zu können. Ich würde mal sagen, dass du dir beim ersten gedanklichen Durchspielen dieser Szene mindestens 10 Minuten an einem Stück Zeit lassen solltest. Du wirst sehen: Das sorgt für ein wunderbar angenehmes Gefühl. Bei regelmäßiger Wiederholung kannst du dadurch langfristig dein Selbstvertrauen stärken.

Wiederhole deshalb diese Visualisierung über mindestens einige Tage hinweg. Danach wähle ein zweites Erfolgserlebnis aus deiner Vergangenheit aus und lass auch dieses vor deinem geistigen Auge abspielen – ebenfalls wieder so konkret wie möglich. Geh erst dann über zur nächsten Übung, wenn du mindestens zwei solcher Situationen mehrmals visualisiert hast.

➔ Übung Nr. 6: Vergangene Momente der Wertschätzung bewusst machen

Es heißt zwar immer wieder, dass man sich zuerst selbst akzeptieren muss, bevor einen die anderen akzeptieren. Doch in Wahrheit ist das der reinste Teufelskreis. Die meisten von uns können sich eben deshalb nicht akzeptieren, weil einen die anderen immer wieder ignorieren und nicht richtig ernst nehmen.

Doch Moment mal: War das in deinem Leben wirklich immer so? Wurdest du nie akzeptiert und wertgeschätzt? Ich kann mir das nicht so recht vorstellen. Genau wie mit deinen Stärken und Schwächen ist es auch mit Momenten der Wertschätzung. Wir denken meist nur an negative Beispiele. An all das Positive erinnern wir uns selten.

In dieser Übung geht es deshalb darum, dich an Momente in deinem

Leben zu erinnern, in denen du akzeptiert, wertgeschätzt und womöglich sogar richtig geliebt und umsorgt wurdest.

Ich weiß, ich wiederhole mich, aber mach die Übung unbedingt schriftlich. Sie kann nur so ihre volle Wirkung entfalten:

Denke zurück an deine Kindheit: *Es mag vielleicht sein, dass deine Eltern (oder andere Erziehungsberechtigte) Fehler gemacht haben. Vielleicht hattest du auch eine schwere Kindheit. Doch gab es wirklich keinen Moment, indem du geliebt und umsorgt wurdest?*

Denke zurück an die Schule: *Welche schönen Momente gab es dort? Wann wurdest du voll akzeptiert von deinen Mitschülern?* Bitte konzentriere dich nur auf die positiven Dinge!

Wann hattest du bei deinen Freunden außerhalb der Schule das Gefühl, so richtig dazuzugehören?

Falls du studiert hast – oder vielleicht gerade studierst: *Wann gab es da Momente der Wertschätzung? Womöglich wurde deine Leistung von Professoren anerkannt? Oder hast du dich mal bei einer Gruppenarbeit ausgezeichnet und wurdest dafür wertgeschätzt von anderen?*

Vielleicht hattest du solch schöne Erlebnisse in Vereinen: *Gerade das mag vielleicht noch gar nicht so lange her sein. Vielleicht war es erst vor kurzem der Fall, dass du für dein Engagement im Verein gelobt und voll anerkannt wurdest?*

Wie schaut es in deiner Beziehung oder in vergangenen Beziehungen aus? Gab es da schöne Momente, in denen du geliebt wurdest?

In der Arbeit gab es sicher auch bereits den einen oder anderen Moment, in dem du wertgeschätzt wurdest: *Hat dich vielleicht dein Chef mal gelobt oder hattest du schöne Erlebnisse mit Kollegen?*

Vielleicht fallen dir auch noch andere Situationen und Bereiche ein, in denen du wertgeschätzt wurdest?

Lass dir wie immer genug Zeit zum Nachdenken. Bei dieser Übung wäre es sogar empfehlenswert, wenn du sie ein- oder zweimal wiederholst, da dir beim zweiten oder dritten Mal mit Sicherheit neue positive Situationen einfallen werden, die du bereits erlebt hast.

➔ Übung Nr. 7: Visualisierung vergangener Momente der Wertschätzung

Diese Übung unterscheidet sich im Grunde nicht von Übung Nr. 5. Der einzige Unterschied ist der, dass du dich nun nicht auf deine Erfolge, sondern vielmehr auf vergangene Momente der Wertschätzung konzentrierst.

Wähle hierzu ein besonders schönes Ereignis aus, das du visualisieren möchtest. Ziehe dabei deine Notizen aus voriger Übung zurate. Setz dich sodann ganz entspannt auf einen Stuhl – oder leg dich entspannt auf's Sofa, wenn dir das lieber ist – und stell dir nun mit geschlossenen Augen dieses Ereignis so detailreich wie möglich vor: *Wie alt warst du damals? Wer hat dich wertgeschätzt? Wofür wurdest du wertgeschätzt? Wie hast du dich dabei gefühlt? Was ging dir damals alles durch den Kopf?*

Wiederhole diese Visualisierung einige Male, bevor du dir eine zweite Situation aus deinem Leben vorstellst, in der du ebenfalls von deinen Mitmenschen wertgeschätzt wurdest.

Eine mögliche Zusatzaufgabe:

Reflektiere ruhig wie es dir bei diesen Visualisierungen ergeht und notiere deine Gedanken und Gefühle hierzu in deinem Notizbuch. Hast du dich gut dabei gefühlt? Dann ist ja alles wunderbar! Solltest du unangenehme oder gar negative Gefühle dabei gehabt haben, dann kannst du sie durch das Verschriftlichen besser hinterfragen. Hierbei dringst du leichter zu den Ursachen vor und lernst dich selbst besser kennen.

➔ Übung Nr. 8: Bisherige Lernerfolge bewusstmachen

Wir alle lernen Jahr für Jahr Neues hinzu. Okay, der eine lernt mehr neue Sachen, weil er weltoffen ist, nach draußen geht und nach neuen Erfahrungen sucht. Andere wiederum lernen weit weniger Neues. Doch lernen tut jeder. Die Frage ist, was *du* alles in deinem bisherigen Leben gelernt hast – und zwar sowohl beruflich als auch privat.

Wir bemerken nämlich oftmals nicht, dass wir langsam aber beständig immer besser werden in gewissen Dingen. Das ist für uns alles selbstverständlich. Kurzfristig zeigen sich auch keine großartigen Fortschritte. Doch langfristig schon. Es kann deiner Selbstakzeptanz und in weiterer Folge deinem Selbstvertrauen gut tun, mal darüber zu reflektieren und sich bewusst zu werden über all die Sachen, die man über die Jahre hinweg gelernt hat.

Stell dir deshalb folgende Fragen und beantworte sie schriftlich in deinem Notizbuch:

Welche Ausbildungen hast du in den letzten 10 Jahren gemacht? Hast du dabei irgendwelche Zertifikate erlangt? Welche Kurse hast du sonst noch in dieser Zeit belegt? Hast du womöglich besondere Berechtigungen erlangt in den letzten Jahren?

Was hast du privat – also in deiner Freizeit – alles gelernt? Worin bist du besser geworden? In welchen Bereichen konntest du dich konkret weiterentwickeln? Was hast du privat gelernt, das dir auch im beruflichen Kontext von Nutzen sein könnte oder bereits von Nutzen ist?

Konntest du privat vielleicht Dinge lernen, die dir in deinem jetzigen Beruf zwar nichts bringen, aber womöglich nützlich sein können, wenn du deinen Job verlierst beziehungsweise dich verändern möchtest? Oder bringen dir diese Kenntnisse womöglich in anderen Situationen einen Nutzen – also abseits von beruflichen Einsatzmöglichkeiten?

Was hast du durch die Ausübung deines Berufs alles gelernt – sozusagen „on the job"? Konntest du dir Kompetenzen aneignen, die wertvoll sind beziehungsweise in der Zukunft wertvoll sein könnten?

Inwiefern konntest du dich zwischenmenschlich weiterentwickeln? Bist du vielleicht empathischer geworden? Oder bist du jetzt ruhiger und besonnener als früher? Hörst du besser zu als früher? Kannst du mit gewissen – womöglich recht schwierigen – Zeitgenossen nun besser umgehen als noch vor ein paar Jahren?

Übst du vielleicht irgendwelche Hobbies aus, bei denen du mit großem Eifer und mit viel Einsatz bei der Sache bist? Hast du dich dort unter

Umständen stark verbessert in den letzten Jahren?

Lass dir Zeit für die Beantwortung dieser Fragen. Dadurch könnten dir nämlich zusätzliche Lernerfolge einfallen, nach denen ich hier gar nicht gefragt habe. Umgekehrt ist es auch nicht nötig, dass du auf jede einzelne dieser Fragen eine Antwort weißt.

➔ Übung Nr. 9: Momente, in denen ich für andere nützlich war

Es ist leicht, all die positiven Dinge nicht wahrzunehmen, die wir in das Leben anderer bringen. Doch wenn man näher darüber nachdenkt, dann erkennt man oft, dass das Leben anderer zumindest etwas schlechter wäre, wenn es uns nicht geben würde.

Mach eine Liste mit Leuten, die dir in deinem Leben regelmäßig über den Weg laufen und auf die du womöglich einen gewissen Einfluss ausübst. Notiere dir aber auch Menschen, die du zwar aus den Augen verloren hast, auf die du jedoch ebenso mal einen positiven Einfluss hattest – selbst wenn dieser Einfluss noch so klein war.

Notiere als nächstes neben jedem dieser Namen jene positiven Dinge, die du für den betreffenden Menschen getan hast. Wann hast du dieser Person das Leben versüßt? Wann warst du für diese Person nützlich? Wann hast du jemandem uneigennützig geholfen?

Es kommt dabei nicht darauf an, ob sich die betreffende Person überhaupt noch daran erinnert. Entscheidend ist nur, dass *du* dich daran erinnerst.

Versuche am besten auch in Zukunft, möglichst oft für andere Menschen da zu sein und Positives in ihr Leben zu bringen. Das ist nicht nur positiv für sie, sondern auch positiv für dich. Es bringt ein gutes Gefühl und stärkt gleichzeitig dein Selbstvertrauen, weil du erkennst, dass du einen wichtigen Platz im Leben einnimmst.

Eine mögliche Zusatzaufgabe:

Notiere dir mindestens zwei Menschen, denen du in Zukunft das Leben mehr als bisher versüßen möchtest. *Was könntest du ihnen Gutes tun?*

Bei was könntest du ihnen behilflich sein, das ihnen wirklich nützt?

➔ Übung Nr. 10: Positives am eigenen Äußeren bewusst machen

Unser Körper und unser Aussehen sind sehr oft die Quelle für Unzufriedenheit und für mangelnde Selbstakzeptanz. Wir finden womöglich unser Gesicht wenig attraktiv, unsere Hüften zu breit und unsere Oberarme zu dünn. Doch gibt es wirklich nichts, was du an deinem Äußeren magst? Das kann ich mir nicht so recht vorstellen.

Betrachte dich mal genauer im Spiegel und notier dir jene Merkmale deines Körpers, die dir gefallen oder die zumindest o.k. sind in deinen Augen. Du kannst dich dabei ruhig auch fragen, was andere womöglich an deinem Körper und deinem Aussehen attraktiv finden könnten. Was findet beispielsweise dein Partner attraktiv?

Notiere dir die Antworten zu diesen Fragen wie immer in deinem Notizbuch.

➔ Übung Nr. 11: Meine Top 10 Liste

In den letzten Tagen und Wochen hast du sehr viele positive Dinge über dich erfahren und hoffentlich alles in deinem Notizbuch notiert. Heute geht es darum, all diese Sachen erneut zu sichten und eine persönliche Top Ten daraus zu küren.

Erstelle also eine persönliche Top Ten Liste mit den Dingen, die dir am besten an dir und deiner Vergangenheit gefallen: *Was sorgt bei dir selbst für gute Gefühle? Sind es persönliche Stärken, die du besonders an dir magst? Sind es frühere Erfolge, an die du dich besonders gerne zurückerinnerst? Oder sind es vergangene Momente der Wertschätzung, die dir ein wunderbares Gefühl bescheren? Was es auch ist: Wähle die schönsten 10 Dinge aus und erstelle eine Liste mit klarer Rangfolge.*

Es ist gar nicht so leicht, sich für Prioritäten zu entscheiden. Tu es trotzdem. Dadurch beschäftigst du dich noch einmal ganz intensiv mit positiven Dingen. Das tut deiner Selbstakzeptanz gut. Glaub mir.

<u>Eine mögliche Zusatzaufgabe:</u>

Wenn du mit der Erstellung deiner Top 10 Liste fertig bist, dann könntest du sie per Computer abtippen, schön formatieren und ausdrucken. Häng sie doch irgendwo zuhause auf, wo du sie so oft wie möglich zu Gesicht bekommst. Wenn du nicht alleine wohnst und dir dies womöglich zu peinlich ist, dann halte deine Liste an einem Ort bereit, wo du ständig Zugriff darauf hast. Wirf sodann für ein paar Tage und Wochen mindestens einmal täglich einen Blick darauf. Das sorgt für ein gutes Gefühl, weil du dich ständig an diese positiven Dinge erinnerst. Probiere es einfach mal aus!

➔ Übung Nr. 12: Betrachtung negativer Erfahrungen mit Mitmenschen

Bis jetzt hast du dich nur mit positiven Dingen wie deinen Stärken, schönen Momenten und vergangenen Erfolgen beschäftigt. Dies ist unglaublich wichtig, um eine positive Sicht auf dein Leben und die Welt zu erlangen und sollte deshalb nicht übersprungen werden. Wenn du die eine oder andere dieser 11 Übungen bisher noch nicht gemacht hast, dann hol dies also bitte nach, bevor du hier weitermachst.

Doch auch wenn die bisherigen Übungen wichtig waren, so reicht es für den Aufbau von mehr Selbstakzeptanz dennoch nicht aus, sich bloß mit positiven Dingen zu beschäftigen. Auch negative Erfahrungen, Schwächen, Unzulänglichkeiten und Misserfolge gehören zu deinem Leben. Mit diesen musst du dich abfinden und Frieden schließen, um die Basis für ein gesundes Selbstvertrauen legen zu können. Diese zwölfte Übung bietet eine wundervolle Gelegenheit damit anzufangen.

Möglicherweise hattest du eine schwere Kindheit. Vielleicht waren deine Eltern viel zu streng mit dir oder sie haben sich nicht so recht um dich gekümmert. Dies kann beispielsweise dazu führen, dass du kein wirkliches Vertrauen in dich aufbauen konntest. Womöglich hattest du auch Lehrer, die deinem Selbstvertrauen abträglich waren, weil sie dich ständig kritisiert und dir nichts zugetraut haben. Oder du hattest Mitschüler, die dich öfters gehänselt haben. Denkbar ist auch, dass all diese Dinge gleichzeitig auf dich zutrafen.

Doch sieh es mal so: Schwere Zeiten haben dich auf irgendeine Art und Weise stärker gemacht. Nichts im Leben ist nur negativ. Es gibt durchaus auch positive Dinge, die man solchen Erfahrungen abgewinnen kann. Immerhin hast du all das überstanden. Du hast es ausgehalten, auch wenn es nicht immer leicht war.

Schritt 1: Brainstorming

Schreib ein paar Minuten lang alle Ereignisse auf, die dir in negativer Erinnerung geblieben sind. Das können Erfahrungen mit deinen Eltern, mit Geschwistern oder anderen Verwandten sein. Das können aber auch Erfahrungen mit früheren Schulkollegen oder mit derzeitigen oder vergangenen Arbeitskollegen sein. Auch mit Lehrern, Studienkollegen und mit deinem Partner / deiner Partnerin hast du vielleicht Negatives erlebt. Schreib alles auf, was dir einfällt.

Schritt 2: Neubewertung

Nun wähle eines der eindrücklichsten Erfahrungen aus und bewerte diese Situation neu. Bis jetzt hast du wahrscheinlich nur darauf geachtet, welche Schäden diese negativen Erfahrungen hinterlassen haben. Doch wieso eigentlich? Liegt es nicht immer im Auge des Betrachters, ob eine Situation negativ ist oder nicht? Kann man nicht allem im Leben auch etwas Positives abgewinnen?

Immerhin hast du diese Erfahrung ja überdauert. Frage dich also mal, welche inneren Ressourcen und Stärken du aktiviert haben musst, um die Situation damals zu meistern. *Wie hast du das damals ausgehalten? Bist du womöglich sogar gestärkt aus dieser Situation hervorgegangen?* In jeder negativen Erfahrung steckt auch eine Wachstumschance.

Wiederhole diese Neubewertung auch mit anderen negativen Erfahrungen aus deiner Vergangenheit. Mach dies solange, bis du das Gefühl hast, die wichtigsten negativ geprägten Erlebnisse in einem etwas anderen Licht zu sehen.

➔ Übung Nr. 13: Anderen verzeihen und Frieden schließen

Wenn wir ehrlich mit uns sind, dann verhalten wir uns oft so: Wir machen eine negative Erfahrung mit unseren Mitmenschen und werfen ihnen dies ein ganzes Leben lang vor. Doch was haben wir davon, wenn wir Schuldzuweisungen machen? Ich glaube, dass es nur ganz selten Absicht ist, wenn uns Mitmenschen beleidigen, bloßstellen oder was auch immer. Meist können sie einfach nicht anders. Ich glaube zum Beispiel, dass die allermeisten Eltern ihre Kinder lieben – auch wenn es womöglich in deinem Fall nicht den Anschein hatte. Womöglich haben sie aber selbst nie gelernt, diese Liebe auszudrücken. Vielleicht haben sie auch ihrerseits diese Liebe von ihren Eltern vermisst. Auch Eltern sind sozusagen das Opfer ihrer Eltern.

Wir können also unseren Mitmenschen – wie zum Beispiel unseren Eltern, ehemaligen Lehrern, Schulkollegen und Kollegen am Arbeitsplatz – vorwerfen, dass sie uns Böses angetan oder bei der Erziehung versagt haben. Doch was würde das schon nützen? Besser ist es, ihnen zu verzeihen. Zu akzeptieren, was nicht mehr rückgängig zu machen ist, in der Gegenwart zu leben und sich für die Zukunft zu rüsten, setzt viel mehr positive Energien frei.

Schreibe ihnen einen Brief

Schreibe einen Brief an alle Mitmenschen, die dich in der Vergangenheit enttäuscht haben.

Schreibe aber nicht nur einen einzigen Brief, in dem du all diesen Mitmenschen gleichzeitig verzeihst. Schreibe lieber einen Brief pro Person, in dem du ganz genau auf diese eine Person und ihre Verletzungen, die sie dir angetan hat, eingehst. Wahrscheinlich ist es am besten, du fängst mit deinen Eltern an – sofern sie zu jenen Mitmenschen gehören, die dich enttäuscht haben.

Beginne den Brief damit, dass du der betreffenden Person alles mitteilst, was sie dir angetan hat, wovon du enttäuscht warst und was sie in deinen Augen sonst noch alles falsch gemacht hat.

Erwähne in diesem Brief aber nicht nur die negativen Dinge. Danke dieser Person im Anschluss daran auch dafür, was sie dir Gutes getan hat. Beende den Brief damit, dass du ihr all ihre Schwächen und Ungerechtigkeiten verzeihst und ihr für all ihre guten Seiten dankst, die sie gezeigt hat.

Natürlich schickst du den Brief nicht wirklich ab. Schreibe ihn aber so, als ob du ihn abschicken würdest.

Wiederhole diese Übung so oft, bis du allen wichtigen Personen verziehen hast, die dir in der Vergangenheit negative Erfahrungen beschert haben.

➔ Übung Nr. 14: Betrachtung eigener Fehler und Verletzungen anderer

Nicht nur deine Mitmenschen haben Fehler gemacht. Auch du warst nicht unfehlbar. Kein Mensch auf dieser Welt ist perfekt, so auch du nicht. Doch das macht nichts. Fehler und Unzulänglichkeiten gehören zum Leben. Es gibt keinen Grund sich das vorzuwerfen. Mit Sicherheit hast du auch andere Menschen um dich herum psychisch verletzt, ohne dies zu wollen. Und auch in Zukunft wird das sicherlich noch vorkommen – ganz einfach deshalb, weil dies menschlich ist.

Da solche Fehler, Unzulänglichkeiten und Verletzungen anderer jedoch dazu führen können, dass wir uns dies ständig vorwerfen und uns permanent schlecht fühlen deswegen, ist es an der Zeit, etwas dagegen zu unternehmen. Fang noch heute an, deine Fehler und Unzulänglichkeiten in anderem Licht als bisher zu betrachten.

Nimm hierzu dein Notizbuch zur Hand und nimm dir ein paar Minuten Zeit um dich folgendes zu fragen: *Wann habe ich in der Vergangenheit Fehler gemacht oder mich selbst über mein Verhalten geärgert?* Denk dabei sowohl an berufliche als auch an private Anlässe: *Hast du vielleicht bei der Arbeit mal einen Fehler gemacht, für den du dich nachher geschämt hast? Musstest du in der Vergangenheit schon mal eine Rede halten, hast dann aber keinen Ton herausgebracht?*

Nimm dir ausreichend Zeit und notiere alle Anlässe, die für dich unangenehm waren bzw. in denen du dich geschämt hast für dein Verhalten.

Frag dich aber auch, wann du jemanden verletzt hast: *In welchen Situationen und Momenten hast du deine Mitmenschen beleidigt oder gar tief in ihrem Inneren verletzt?*

Doch bedenke: Es geht jetzt nicht darum, dass du dich an all diese Momente erinnerst. Das ist gar nicht notwendig, da uns als erstes ohnehin jene Situationen in den Sinn kommen, die uns am meisten belasten. Konzentriere dich also auf jene Begebenheiten, die dich schon längere Zeit beschäftigen.

Wenn du glaubst, dass du nun die wichtigsten Anlässe in deinem Notizbuch notiert hast, dann gehe all diese Begebenheiten kurz in Gedanken durch. Fang an, sowohl eine rationale als auch eine emotionale Begründung dafür zu finden, warum dich diese Situationen mental belasten. *Was fühlst du konkret, wenn du an diese Situationen und Begebenheiten zurückdenkst? Schämst du dich für dein damaliges Verhalten? Was glaubst du sind die konkreten Gründe für diese Gefühle in dir?*

Eine mögliche Zusatzaufgabe:

Es ist paradox: Wenn wir einen Fehler machen, dann nehmen wir dies selbst um ein Vielfaches intensiver wahr als unsere Umwelt. Unsere Mitmenschen haben unsere Fehler und Unzulänglichkeiten am nächsten Tag meist schon vergessen. An manche Dinge denken sie nicht mal mehr nach einer Viertelstunde. Dich allerdings beschäftigt das oft tage- oder wochenlang. Das wäre eigentlich gar nicht nötig.

Frage dich deshalb mal, was du aus deinen bisherigen Fehlern lernen konntest: *Haben deine Fehler dazu geführt, dass du dich persönlich weiterentwickelt hast? Ist womöglich jedem Fehler etwas Positives abzugewinnen?* Wenn du mal näher darüber nachdenkst, dann wirst du dies sicher bejahen. Vielleicht ist es also generell etwas Positives, wenn man Fehler macht? Denn nur wer etwas tut, macht Fehler. Wer nichts tut, kann auch keine Fehler machen. Lass dir das mal durch den Kopf gehen.

➔ Übung Nr. 15: Sich selbst für vergangene Fehler verzeihen

Wenn du deine bisher größten Fehler in deinem Leben einer Neubewertung unterzogen hast (siehe Zusatzaufgabe zur Übung Nr. 14), dann wird es dir wahrscheinlich gar nicht mehr so schwer fallen, dir deine Fehler zu verzeihen.

Nimm trotzdem dein Notizbuch zur Hand, und formuliere darin einen kurzen Absatz, in dem du dir deine bisherigen Fehler in deinem Leben verzeihst. Betrachte hierzu die Notizen der vorigen Übung und wähle jene drei bis fünf Fehltritte aus, die dir am eindrücklichsten in Erinnerung geblieben sind. *Welche zum Teil schon lange vergangenen Fehler kratzen noch immer ein wenig an deinem Selbstvertrauen?*

Sobald du jene Fehltritte identifiziert hast, die immer noch ungute Gefühle in dir auslösen, kannst du nun damit beginnen, ein persönliches Statement zu formulieren, in dem du dir diese Sachen allesamt verzeihst, weil schließlich jeder Mensch auf der Welt Fehler macht und man sogar aus Fehlern lernen kann. Schreibe außerdem auf, dass du es dir erlaubst, auch in Zukunft Fehler zu machen.

Eine mögliche Zusatzaufgabe:

Sich schriftlich für persönliche Fehler in der Vergangenheit zu verzeihen ist schon mal ein sehr guter erster Schritt. Doch oftmals ist dieser Schritt natürlich nicht ausreichend, da die eigenen Selbstvorwürfe zu groß sind, um sich seine Fehler derart rasch verzeihen zu können. Sollte dies auf dich zutreffen, dann mach dir mal klar, dass jeder Mensch auf der Welt Fehler macht – selbst Leute, die wir sehr bewundern. Nimm mal irgendeine bekannte Persönlichkeit her und frage dich, welche Fehler diese Person bisher gemacht hat. Mach ruhig auch eine Liste mit berühmten Personen und ihren größten Fehlern. Dann wird dir schnell bewusst, dass du mit deinen Unzulänglichkeiten nicht alleine dastehst. Auch andere treten ständig ins Fettnäpfchen.

➔ Übung Nr. 16: Sich selbst für Verletzungen anderer verzeihen

Auch wenn du die meiste Zeit nicht daran denkst, doch Verletzungen anderer können uns unterbewusst durchaus das Leben schwer machen. Wir alle haben einen Sack voll Erinnerungen auf unserem Rücken zu tragen. Und am schwersten wiegen da häufig unsere Schuldgefühle, die wir seit Ewigkeiten mit uns herumtragen. Wäre es nicht wunderbar, einen Teil dieses Ballasts endlich los zu werden?

Wähle deshalb mal eine der Begebenheiten aus, in denen du jemanden zutiefst im Inneren verletzt hast (siehe Übung Nr. 14). Visualisiere, wie du dich bei dieser Person aufrichtig entschuldigst: *Schließe die Augen, setze dich entspannt auf einen Stuhl oder lege dich auf eine Couch. Stell dir nun jene Person vor, wie sie vor dir sitzt oder steht. Stell dir diesen Menschen in allen Einzelheiten vor, wie er gekleidet ist, wie er sich gibt und wie seine Mimik und Gestik ist. Nun rede in einem freundlichen Ton mit diesem Menschen. Entschuldige dich für all die Verletzungen, die du ihm / ihr in der Vergangenheit zugefügt hast. Visualisiere, wie der betreffende Mensch auf einmal zu lächeln beginnt und dir verzeiht.*

Wiederhole diese Übung mit all den Personen auf deiner Liste, die du irgendwann einmal durch dein Reden oder Handeln verletzt hast. Nach Möglichkeit solltest du erst danach mit der nächsten Übung fortfahren.

➔ Übung Nr. 17: Negatives am eigenen Äußeren bewusst machen

In Übung Nr. 10 hast du dich auf die positiven Seiten deines Körpers konzentriert und aufgezählt, was dir alles an dir gefällt. Lies dir diese Liste kurz durch, bevor du damit beginnst, all das aufzuzählen, was dir *nicht* an deinem Körper gefällt.

Stell dich nackt vor einen großen Spiegel und betrachte dich ganz genau. Was gefällt dir so gar nicht an dir? Zähl alles auf, was dir nicht an dir gefällt und trag es in deinem Notizbuch ein.

Frag dich nun bei jedem dieser Körpermerkmale, was der Grund dafür ist, dass dir das an dir nicht gefällt. Entspricht es womöglich nicht dem gängigen Schönheitsideal? Vergleichst du dich da womöglich zu sehr mit anderen? Kannst du dir vorstellen, dass es womöglich Menschen gibt, die genau das an dir schön finden könnten? Gibt es Menschen, die in dieser Hinsicht ähnlich gebaut sind wie du, und dem durchaus etwas Positives abgewinnen können?

Du wirst sehen: Die Antworten auf diese Fragen helfen dir, dich und deinen Körper in einem anderen Licht zu sehen. Lass dir deshalb so lange Zeit wie du brauchst, um zufriedenstellende Antworten auf obige Fragen zu finden.

➔ Übung Nr. 18: Die eigenen körperlichen Unzulänglichkeiten akzeptieren

Niemand ist perfekt. Hast du schon mal bekannte Hollywoodschauspieler ungeschminkt gesehen? Nicht selten erkennt man sie nicht wieder. Sie schauen ohne Schminke komplett anders aus – eben so vollkommen unperfekt. So würden sie niemals gefilmt werden – kein Filmstudio der Welt würde sie je unter Vertrag nehmen, wenn man sie nicht zuvor mit einer dicken Schicht Schminke zukleistern würde. Denn erst nach einer Rundumerneuerung beim Visagisten – was vermutlich nicht selten mehrere Stunden in Anspruch nimmt – können sie sich in perfektem Look vor der Kamera zeigen.

Du siehst also: Selbst große Filmstars sehen zu Hause nicht so gut aus wie vor der Kamera. Wieso solltest du also unzufrieden sein, wenn du selbst nicht so perfekt aussiehst? Sie tun es ja auch nicht.

Und noch etwas: Wenn du dich aller Unzulänglichkeiten zum Trotz attraktiv findest, dann strahlst du dies auch nach außen hin aus. Und dann finden dich auch andere attraktiv – eben weil du dann eine viel bessere Ausstrahlung hast. Die Voraussetzung hierzu ist natürlich, dass du deinen eigenen Körper mit all seinen Schwächen akzeptieren kannst.

Sage dir deshalb mindestens eine Woche lang mehrmals täglich mit lauter Stimme, dass dir dein Körper gefällt – und zwar mit all seinen

Schwächen und Unzulänglichkeiten. *Stell dich vor einen Spiegel, setz ein Lächeln auf und sag dir selbstbewusst, dass dir dein Körper gefällt, auch wenn dieser und jener Körperteil (setz den jeweiligen Körperteil entsprechend voriger Übung hier ein) nicht dem gängigen Schönheitsideal entspricht.*

Eine mögliche Zusatzaufgabe:

Such mal im Internet nach bekannten Stars, die du aufgrund ihres guten Aussehens bewunderst. Such nach Fotos, auf denen sie ungeschminkt sind. Druck dir die Fotos aus und schau sie dir von Zeit zu Zeit an – vor allem wenn du wieder mal mit deinem eigenen Aussehen unzufrieden sein solltest.

Und falls du wieder einmal in Zeitungen auf unvorteilhafte Fotos von diversen Stars triffst, dann könntest du dir diese ausschneiden und ebenfalls aufheben. So machst du dir regelmäßig bewusst, dass niemand auf der Welt perfekt ist – nicht einmal diese vermeintlich anbetungswürdigen Hollywoodschauspieler.

➔ Übung Nr. 19: Die eigenen Schwächen bewusst machen

Es ist wunderbar, wenn wir uns durch bisherige Übungen in diesem Buch über unsere Stärken bewusst wurden. Doch das ist nur die eine Seite der Medaille. Mindestens ebenso wichtig ist es, dass wir uns unsere Schwächen verzeihen und uns so akzeptieren können, wie wir sind. Erst dadurch ist eine starke Basis für ein gesundes Selbstvertrauen gelegt.

Schwächen bedeuten nicht, dass wir schlechter oder gar minderwertiger sind als andere. Jeder Mensch hat Schwächen. Nur hat sie eben jeder wo anders. Selbst berühmte Personen und große Genies sind dir in irgendetwas unterlegen. Niemand kann überall Stärken besitzen. Also kannst du dir selbst ruhig deine Schwächen verzeihen und sie auch akzeptieren. Du darfst dich so mögen wie du bist – mit all deinen Stärken und Schwächen.

Doch bevor du deine Schwächen akzeptieren kannst, musst du dir mal klar darüber werden, wie du selbst über dich denkst. Nimm dein

Notizbuch zur Hand und beantworte folgende Fragen:

Was kann ich an mir am wenigsten leiden?

Welche negativen Eigenschaften und Charakterzüge besitze ich?

Welche negativen Charaktereigenschaften werden mir häufig von meinen Mitmenschen vorgeworfen?

In welchen Bereichen mangelt es mir an Wissen und Fähigkeiten?

Auf wen bin ich besonders neidisch? Was hat diese Person, was ich nicht habe?

...

So, jetzt hast du alles aufgeschrieben. Es steht nun schwarz auf weiß da. Sehr oft bringt das bereits eine gewisse Erleichterung. Man hat in Worte gefasst, was einem an sich selbst nicht gefällt und wo man eigene Schwächen *vermutet*. Ja richtig gelesen: *vermutet*. Denn viele dieser Aussagen sind subjektiv und müssen keineswegs der Wahrheit entsprechen.

Eine mögliche Zusatzaufgabe:

In Übung Nr. 3 hast du einige deiner Mitmenschen danach gefragt, was sie alles an dir positiv finden. Frag dieselben Personen nun nach deinen Schwächen. Stell ihnen folgende Fragen:

Welche negativen Eigenschaften besitze ich? Warum glaubst du, dass ich gerade diese negativen Eigenschaften besitze?

Wo mangelt es mir deiner Ansicht nach im Alltag und im Beruf an Fähigkeiten und Fertigkeiten?

Wenn du die bisherigen Übungen alle gemacht hast, dann wird es dir sicher nicht mehr so schwer fallen diese Fragen zu stellen. Dann wirst du auch die Antworten relativ locker wegstecken. Wenn dem so ist, dann gratuliere! Du hast bereits an Selbstvertrauen gewonnen.

Eines ist bei dieser Übung wichtig: Fang nicht an, dich vor anderen zu rechtfertigen. Nimm die Antworten einfach hin ohne sie großartig zu kommentieren. Sie teilen dir ja nur mit, wie sie dich wahrnehmen. Das muss keineswegs der absoluten Wahrheit entsprechen. So wirst du halt von anderen gesehen. Nicht mehr und nicht weniger.

➔ Übung Nr. 20: Die eigenen Schwächen akzeptieren

Dir ist nun klar geworden, worin deine Schwächen offenbar bestehen. Nun musst du sie noch akzeptieren können. Doch keine Angst: Deine Schwächen zu akzeptieren bedeutet nicht, dass du dich nicht zum Positiven verändern kannst. Im Gegenteil: Therapeuten sprechen oft von der paradoxen Theorie der Veränderung. Diese Theorie besagt, dass wir erst dann anfangen uns zu verändern, wenn wir erkennen und akzeptieren, wie wir sind.

Also ist der erste Schritt, dass du dich voll und ganz akzeptierst. Erst dann kannst du dich ändern. Erst dann kannst du ein starkes und positives Selbstvertrauen aufbauen.

Ich empfehle dir zwei Schritte, um deine Schwächen nach und nach akzeptieren zu können:

Schritt 1: Suche die Stärke in der Schwäche

Alles hat zwei Seiten. Manche von uns sehen eine Eigenschaft als etwas Negatives an. Andere wiederum betrachten dieselbe Eigenschaft als etwas Positives. Nehmen wir zum Beispiel mal an, jemand ist extrem organisiert und sehr gründlich in seiner Arbeit. Alles muss perfekt sein: der Schreibtisch wird tipptopp in Schuss gehalten, in der gesamten Wohnung ist kein einziges Staubkörnchen zu finden und bei der Arbeit wird auf das kleinste Detail geachtet. Viele werden das sehr positiv sehen und in diesem Verhalten eine persönliche Stärke vermuten. Für andere wiederum mag dies zutiefst abschreckend sein. Ein solches Verhalten würden sie vielleicht als pedantisch ansehen – und auch als wenig effektiv. Seit den Tagen von Vilfredo Pareto wissen wir nämlich, dass 80 Prozent des Erfolgs aus 20 Prozent unserer Anstrengungen resultiert. Wieso sollten wir uns dann zu sehr mit unnötigen Details aufhalten? Du siehst also: Es ist alles eine Frage des Blickwinkels.

Selbst Charakterzüge, die gemeinhin als eindeutige Schwäche akzeptiert werden, kann man durchaus in einem positiven Licht sehen. Nehmen wir die Faulheit als Beispiel. Es gibt Menschen, die scheinbar nichts auf die Reihe kriegen, weil sie absolut keine Selbstdisziplin haben und den ganzen Tag nur faul herumhängen. Doch ich glaube, dass niemand ohne Grund faul ist. Oft sind diese Menschen einfach nur gelangweilt. Und Langeweile signalisiert: Ich muss etwas ändern. Wenn der betreffenden Person dies klar wird, dann kann sie ihr Leben massiv verbessern. Und siehe da: Auf einmal fassen vermeintlich faule Personen frischen Lebensmut und setzen Projekte um, die ihnen zuvor niemand zugetraut hätte.

Im Grunde interpretieren wir jene Eigenschaften als Schwächen, die uns davon abhalten, unsere Ziele im Leben zu erreichen. Frag dich mal, wie du eine vermeintliche Schwäche so einsetzen (bzw. umgehen) könntest, damit sie dir bei der Verfolgung deiner Ziele nicht mehr im Weg steht. Vielleicht erweist sich diese Schwäche in manchen Situationen sogar als Stärke?

Frage dich also mal, welche Stärken in deinen Schwächen verborgen sein könnten. (Tu es jetzt und tu es schriftlich!)

Schritt 2: Ein Fazit zu deinen Schwächen

Was manche Schwächen betrifft, so finden wir keine verborgene Stärke in ihnen. Auch das ist kein Problem. Finde dich einfach damit ab, dass du (so wie deine Mitmenschen auch) Schwächen hast. Formuliere außerdem ein persönliches Fazit zu deinen Schwächen:

Du könntest zum Beispiel schreiben:

„Ich akzeptiere mich wie ich bin, mit all meinen Stärken und Schwächen. Es gibt niemanden auf der Welt, der nur Stärken besitzt. Jeder hat irgendwo Schwächen – so natürlich auch ich. Das ist ganz normal und nichts Verwerfliches. Ich bin gut so wie ich bin und muss mich nicht verändern, wenn ich nicht will. Ich muss nicht, aber ich kann.“

Noch besser ist es, wenn du dieses Fazit in eigene Worte fasst – Worte, die zu dir passen. Es sollte zum Ausdruck bringen, dass du dir deine Schwächen verzeihst und sie vollends akzeptierst.

Eine mögliche Zusatzaufgabe:

Lies dir dieses Fazit mindestens eine Woche lang täglich mehrere Male durch.

➔ Übung Nr. 21: Die Rolle eines Beobachters einnehmen

Geh einmal alleine in eine Bar zu einer Tageszeit, in der möglichst viel los ist. Am besten suchst du dir eine Bar aus, in der dich niemand kennt. Bestell dir was zu trinken, setz dich an einen Tisch und beginne dann, die anderen um dich herum zu beobachten. *(Solltest du dich in einer Bar nicht so recht wohlfühlen, dann kannst du zum Beispiel auch in ein Kaffeehaus gehen und dort die anderen Menschen beobachten.)*

Wähle vor allem Personen zum Beobachten aus, die so wie du alleine unterwegs sind. Beobachte sie auf eine Weise, dass sie es nicht merken, dass du ihnen die ganze Zeit zusiehst. Du wirst wahrscheinlich feststellen, dass sie sehr stark mit sich selbst beschäftigt sind. Jeder will möglichst gut dastehen, sich gut kleiden, sowie möglichst cool und sexy wirken. Obwohl alle Menschen recht unterschiedlich sind in ihrem Erscheinen, so haben sie doch eines gemein: Sie sind ständig damit beschäftigt, wie sie wohl auf andere in ihrer Umgebung wirken – und sie möchten dabei möglichst gut wegkommen.

Du wirst also Leute beobachten können, die auf den ersten Blick eine Menge Selbstvertrauen haben, weil sie besonders cool und abgebrüht erscheinen. Doch bei näherem Hinsehen wirst du merken, dass dies häufig nur Fassade ist. Dieses coole Gehabe ist eher dazu da, um das eigene Selbstwertgefühl zu verteidigen und anderen vorzugaukeln, dass man keine Schwächen besitzt.

Doch ist ein solches Verhalten wirklich erstrebenswert? Machen uns nicht erst unsere Schwächen liebenswert?

Diese Übung ist vor allem dazu da, damit dir bewusst wird, dass nicht nur du nach Bestätigung suchst und häufig Selbstzweifel hegst. Auch anderen geht es so. Und bei den meisten ist dies bei näherem Hinsehen sogar erkennbar. Dieses Wissen lässt dich leichter akzeptieren, dass es dir selbst noch etwas an Selbstvertrauen mangelt und wird dir paradoxerweise allein schon dadurch mehr Selbstvertrauen geben.

➔ Übung Nr. 22: Der Brief an mich selbst

Das erste Kapitel des Buches geht nun zu Ende und somit wird es Zeit, die vergangenen 21 Übungen noch einmal Revue passieren zu lassen. Schreibe dir aufbauend auf deinen bisherigen Erkenntnisgewinnen selbst einen Brief, in dem du Dankbarkeit für deine Stärken, deine Erfolge und all die schönen Momente in deinem Leben ausdrückst. Vernachlässige auch nicht deine Schwächen: Verzeih dir in diesem Brief, dass du Schwächen hast.

Tu dabei so, als würdest du einem Fremden einen Brief schreiben, in dem du seine Stärken, Fähigkeiten und positiven Charakterzüge lobst und ihn gleichzeitig nicht für seine Schwächen und Unzulänglichkeiten kritisierst, sondern diese vielmehr akzeptierst wie sie sind. Tu so, als würdest du die bisherigen Erfolge eines anderen würdigen und ihm sogar deine Bewunderung ausdrücken. Nur schreibst du halt diesen Brief nicht an jemand anderen, sondern an dich selbst.

Dieser Brief braucht gar nicht lang zu werden. Notiere darin einfach alles Wichtige, auf das du bereits in den ersten 21 Übungen dieses Buches gekommen bist. Achte darauf, dass du diesen Brief an einem Tag schreibst, an dem du gut drauf bist. Nur so ist gewährleistet, dass der Brief gänzlich positiv formuliert ist.

Eine mögliche Zusatzaufgabe:

Sobald du glaubst, dass der Brief vollständig und gelungen ist, schreibe ihn auf hübsches Papier oder tippe ihn mit dem Computer und druck ihn anschließend aus. Bewahre ihn gut auf, damit du ihn jederzeit zur Hand nehmen und lesen kannst.

Kapitel 2

…

Den Blick nach vorn richten

Hast du dir je überlegt, wie du in Zukunft deine Stärken noch besser einsetzen könntest? Oder in welchen Situationen du künftig gerne mehr Selbstsicherheit hättest?

Und hast du dir schon mal überlegt, was du alles tun kannst, wenn dich mal wieder Selbstzweifel plagen, deine Motivation am Boden und deine Stimmung nahe dem Gefrierpunkt ist?

Falls du das noch nicht getan haben solltest, dann wird es Zeit damit anzufangen – denkst du nicht auch?

☺

➔ Übung Nr. 23: Zitate, Sinnsprüche, Fotos und Videos sammeln

Vor einigen Jahren habe ich herausgefunden, dass mich Zitate recht häufig zu neuem Handeln inspirieren können und mich vor allem dazu motivieren, immer wieder aufzustehen, wenn ich mal hinfalle und einen Fehler mache. Ähnliches gilt für das eine oder andere Motivationsvideo, das ich im Internet aufgestöbert habe. Und wir wissen doch alle, dass wir zwischendurch immer mal wieder eine kleine Motivationsspritze und ein paar Impulse brauchen, damit es uns wieder besser geht und wir nach vorne in die Zukunft blicken und uns nicht zu sehr mit der Vergangenheit beschäftigen. Hab ich nicht Recht?

Da wir jedoch nicht ständig jemanden um uns herum haben, der uns mal wieder gut zuredet und uns neuen Mut gibt, sollten wir selbst dafür sorgen, dass wir uns Dinge zurechtlegen, die uns wieder aufrichten und positiv denken lassen. Und hierzu eignen sich vor allem Zitate und Motivationsvideos besonders gut. Warum also nicht mal damit beginnen, diese zu sammeln, damit du sie jederzeit zur Verfügung hast, wenn du sie brauchst?

Suche deshalb noch heute im Internet nach inspirierenden Zitaten, von denen du dir die schönsten in deinem Notizbuch notierst. Dasselbe gilt für besondere Geschichten, sowie für Fotos und Videos im Netz. Vor allem Youtube ist für die Suche nach solchen Videos unglaublich nützlich geworden.

Belass es aber bitte nicht dabei, sondern archiviere auch in Zukunft alles, was dir tagtäglich so über den Weg läuft und dich inspiriert und positiver denken lässt. Im Laufe der Zeit kannst du dir auf diese Weise eine durchaus ansehnliche Sammlung aufbauen.

Natürlich kannst du auf diese Sammlung nicht nur dann zurückgreifen, wenn du mal schlechter Stimmung und vollkommen niedergeschlagen bist. Womöglich möchtest du diese auch als tägliche Motivationsspritze nutzen und jeden Tag ein paar Minuten dieser Videos lauschen oder dir so manches Zitat durch den Kopf gehen lassen. Probiere es aus!

➔ Übung Nr. 24: Einsatzbereiche für meine Stärken finden

Wie ich bereits an anderer Stelle in diesem Buch erwähnt habe, neigen wir Menschen häufig dazu, uns ständig auf unsere Schwächen zu konzentrieren. Doch ist es wirklich so klug, immer nur die Schwächen ausmerzen zu wollen? Ist es nicht oft klüger, sich mehr auf die eigenen Stärken zu konzentrieren, diese weiter auszubauen und sie häufiger einzusetzen? Die Ergebnisse deines Tuns werden mit Sicherheit besser sein, wenn du dich in Zukunft häufiger auf deine Stärken konzentrierst. Das gilt sowohl beruflich als auch privat.

Bevor du das aber tun kannst, musst du zuerst einmal herausfinden, wo und wie du deine Stärken überhaupt einsetzen könntest. Stell dir dazu folgende Fragen und beantworte sie schriftlich in deinem Notizbuch:

Wo hast du deine Stärken bisher eingesetzt (sowohl beruflich als auch privat)?

In welchen Bereichen und Situationen bist du bisher dank deiner Stärken gut vorangekommen?

In welchen Bereichen möchtest du deine Stärken künftig öfter einsetzen?

In welchen Bereichen würdest du zwar gerne deine Stärken zum Einsatz bringen, auch wenn du derzeit noch keine Möglichkeit dafür siehst, dies in die Tat umzusetzen?

Ist es womöglich an der Zeit, dass du dich beruflich oder privat veränderst, damit du in Zukunft mehr und häufiger auf deine Stärken bauen kannst?

Natürlich musst du nicht gleich alles an deinem Leben verändern. Doch andererseits bringt es dir mit Sicherheit großen Nutzen, wenn du darauf achtest, in Zukunft öfters deine Stärken einzusetzen und dich nicht immer nur auf deine Schwächen konzentrierst. Denn die ständige Beschäftigung mit den eigenen Schwächen frustriert mit der Zeit nur und wirkt sich schlussendlich negativ auf dein Selbstvertrauen aus. Wenn du umgekehrt öfters deine Stärken einsetzen kannst, dann sorgt dies für gute

Gefühle, mehr Zufriedenheit und im Endeffekt für mehr Vertrauen in dich selbst und in deine Fähigkeiten.

➔ Übung Nr. 25: Ein persönliches Motto finden

Von all den Zitaten, Sinnsprüchen, Fotos und Videos, die du in Übung Nr. 23 gesammelt hast, gibt es sicher ein paar, die sich von der Masse abheben und deine klaren Favoriten sind. Lass dich von diesen besonderen Stücken zu einem persönlichen Motto inspirieren.

Ein persönliches Motto ist ein selbstbestärkender Satz, der deine Selbstakzeptanz aufbauen und auf hohem Niveau stabilisieren soll, dich motiviert und dir vor allem Mut macht, wenn`s mal wieder etwas schwerfälliger vorangeht.

Überleg dir also jetzt ein solches Motto. Schreib dir dazu alle Sätze auf, die dir in den Sinn kommen. Lass dich dabei vor allem von Übung Nr. 23 inspirieren und sichte alles, was du bisher an Zitaten, Videos und Ähnlichem gesammelt hast. Wie willst du dich selbst sehen?

Sprich mögliche Mottos laut aus und achte darauf, wie sie sich für dich anfühlen. Derjenige Satz, der sich besonders gut anfühlt, sollte dann dein persönliches Motto werden. (Dies bedeutet aber nicht, dass du es nicht mehr verwerfen verändern kannst, wenn dir irgendwann ein besseres Motto einfällt.)

Ein paar Tipps zur Formulierung eines persönlichen Mottos habe ich natürlich für dich:

- Lass dir bei der Findung deines persönlichen Mottos Zeit. Das kann durchaus einige Tage in Anspruch nehmen, bis du endlich deinen „perfekten“ Leitspruch gefunden hast.

- Verwende bei der Formulierung deines persönlichen Mottos nur positive Begriffe und vermeide vor allen Dingen Verneinungen.

- Formuliere dein Motto unbedingt in der Ich-Form.

- Verwende Begriffe, die dich emotional ansprechen und gute Gefühle in dir auslösen. Achte dabei in dich hinein: Was fühlt sich gut an und was weniger?
- Dein Motto sollte so prägnant wie möglich sein und in einfachen Sätzen alles enthalten, was dir wichtig ist.

Eine mögliche Zusatzaufgabe:

Sobald du dein persönliches Motto gefunden hast, kannst du dafür sorgen, dass es dir so oft wie möglich „über den Weg läuft". Verwende es als Bildschirmschoner. Schreibe es auf ein kleines Kärtchen, das du in die U-Bahn mitnimmst und dort ein paar Mal leise liest. Hefte es an die Pinnwand. Sprich es auf Band und hör es dir von Zeit zu Zeit an. Du wirst sehen: Mit der Zeit glaubst du von ganzem Herzen, dass dein Motto der Wahrheit entspricht und vollständig auf dich zutrifft.

➔ Übung Nr. 26: Mein USP

USP ist ein Kürzel aus der Betriebswirtschaft – genauer gesagt aus dem Marketing. Der Begriff ist eine Abkürzung für „*Unique Selling Proposition*" und lässt sich somit als einzigartiges Verkaufsversprechen übersetzen. Der Begriff USP bezeichnet demnach jenes Merkmal, durch das das eigene Angebot deutlich (und vor allem positiv) vom Wettbewerb abgegrenzt wird.

Doch wenn das für Produkte und Dienstleistungen gilt, dann sollte das bei dir selbst doch auch möglich sein. Was ist also *dein* USP? Oder anders gefragt: Was macht DICH zu etwas ganz Besonderem?

Natürlich ist dieser USP – also die Besonderheit, die dich klar und positiv von anderen abhebt – nicht leicht zu finden. Doch mit folgenden Fragen kannst du ihm auf die Spur kommen:

Über welche Stärken verfügst du (siehe die Übungen 1 bis 3)?

Welche dieser Stärken sind besonders gut geeignet, um dich von deinem unmittelbaren Umfeld positiv abzuheben?

Welche deiner Stärken ließen sich noch weiter ausbauen?

Welche deiner Stärken sind nach außen hin am deutlichsten sichtbar (siehe Übung Nr. 3)?

Welche deiner Stärken könntest du ohne weiteres nach außen hin sichtbarer werden lassen?

Welche deiner Stärken lassen sich wunderbar miteinander kombinieren?

Nachdem du diese Fragen systematisch beantwortet hast, kannst du darangehen und versuchen, deinen persönlichen USP in zwei oder drei Sätzen zu definieren. Lass dir dazu ruhig ein paar Tage Zeit.

Eine mögliche Zusatzaufgabe:

Nichts ist in Stein gemeißelt. So auch nicht dein persönliches Motto, das du dir in der vorangegangenen Übung überlegt hast. Es ist durchaus möglich, dass du dein Motto verändern willst, nachdem du deinen persönlichen USP gefunden hast. Dasselbe gilt natürlich auch für die nächste Übung. Sobald du einen Elevator Pitch formuliert hast, könntest du ebenfalls den Drang verspüren, deinem Motto und auch deinem USP den letzten Feinschliff zu verpassen. Nur zu! Lass dich bloß nicht davon abhalten!

➔ Übung Nr. 27: Der Elevator Pitch zur eigenen Person

Diese Übung hängt unmittelbar mit der vorigen zusammen. Das bedeutet, dass du bereits deinen persönlichen USP definiert haben solltest, um diese Übung machen zu können.

Auch der Elevator Pitch ist übrigens ein Ausdruck aus der Betriebswirtschaftslehre. Der Begriff setzt sich aus zwei Wörtern zusammen, nämlich Elevator, was so viel bedeutet wie Aufzug, und Pitch, was man als Verkaufsgespräch übersetzen kann. Es handelt sich demnach um ein Verkaufsgespräch in einem Aufzug. Die Idee dahinter ist, sich eine kurze und informative Präsentation über sich selbst auszudenken, die man Leuten in nur wenigen Sekunden erzählen kann –

eben nur so lange wie ein Aufzug braucht, um ein paar Stockwerke zurückzulegen.

Der Sinn dabei ist natürlich, sich in möglichst kurzer Zeit perfekt darzustellen und einen möglichen Gesprächspartner davon zu überzeugen, dass man jede Menge auf dem Kasten hat.

Nimm die Notizen aus voriger Übung noch einmal zur Hand und verwende diese als Basis für deinen Elevator Pitch. Versetz dich dazu gedanklich in ein mögliches Gespräch in einem Aufzug. Du hast nur 30 Sekunden Zeit, um die andere Person davon zu überzeugen, dass du etwas Besonderes bist und was auf dem Kasten hast.

Was verrätst du dieser Person über dich? Beschreibe dieser Person vor allem, welche Talente, persönlichen Merkmale und Fähigkeiten du besitzt, die zu Hause, am Arbeitsplatz oder in Vereinen und Organisationen von großem Vorteil sein können.

Überarbeite deinen Elevator Pitch so lange, bis er sich so richtig gut und authentisch anfühlt.

Eine mögliche Zusatzaufgabe:

Nachdem du den genauen Wortlaut notiert hast (und auch halbwegs zufrieden damit bist), könntest du zusätzlich damit beginnen, dich und die andere Person in einem solchen Aufzug zu visualisieren:

Wie selbstbewusst trittst du auf? Wie fühlst du dich dabei? Wie reagiert die andere Person auf dich?

Versuche alles so genau und detailhaft wie möglich zu visualisieren. Wiederhole dies ruhig ein paar Mal. Natürlich kannst du auch am Wortlaut deines Elevator Pitch so lange herumfeilen, bis sich auch die Visualisierung richtig gut und authentisch anfühlt.

➔ Übung Nr. 28: Ein Bewerbungsschreiben verfassen

Du hast dir in den ersten drei Übungen dieses Buches deine Stärken bewusst gemacht. Und in den letzten Übungen hast du dir bereits überlegt, was an dir besonders ist und dich von anderen abhebt. Du hast dieses Alleinstellungsmerkmal auch bereits ausformuliert und in Form eines Elevator Pitch konkretisiert. Ich bin mir sicher, dass dies einige positive Gefühle in dir ausgelöst hat, als du erkannt hast, dass Vieles an dir positiv ist.

Jetzt kannst du diesen Effekt noch verstärken, indem du ein fiktives Bewerbungsschreiben verfasst. Tu dabei so, als würdest du dich für einen echten Job bewerben. Stell dir vor, dass du in diesem Bewerbungsschreiben all deine Stärken und positiven Seiten hervorkehren musst, die du besitzt. (Übrigens ist es auch nicht verboten, die Liste deiner Stärken, die du in den Übungen 1 bis 3 angelegt hast, noch zu ergänzen. Die Wahrscheinlichkeit ist sogar sehr groß, dass du diese Liste zum jetzigen Zeitpunkt weiter ausbauen kannst, da du mit Sicherheit bereits über mehr Selbstvertrauen verfügst, wenn du den Großteil der bisherigen Übungen in diesem Buch konsequent und in der beschriebenen Art und Weise gemacht hast ☺.)

Das Bewerbungsschreiben sollte mindestens eine komplette A4 Seite – besser noch zwei A4 Seiten – lang sein. Schreibe es am besten am Computer. Nimm dazu deine Aufzeichnungen zu den ersten drei Übungen zur Hand und formuliere das Schreiben so, als wolltest du dich im besten Licht darstellen, um bei anderen Eindruck zu schinden.

Nimm dir mindestens eine Stunde dafür Zeit, dieses Bewerbungsschreiben zu verfassen. Du kannst es die nächsten Tage auch noch ergänzen, wenn du dir über neue Stärken bewusst wirst bzw. wenn dir noch bessere Formulierungen einfallen.

Eine mögliche Zusatzaufgabe:

Lies dir dein Bewerbungsschreiben für mindestens eine Woche lang täglich durch – besser sogar mehrmals am Tag. Lies es dir am besten laut vor – und zwar voller Überzeugung und Stolz. Was ist das für ein Gefühl?

Mach dir ruhig auch schriftlich Notizen über deine Gedanken und Gefühle, die du hast, wenn du dir das Bewerbungsschreiben durchliest.

➔ Übung Nr. 29: In welchen Situationen möchte ich künftig mehr Selbstvertrauen haben?

Wenn du die Übungen in diesem Buch bis hierher gemacht hast, dann bist du jetzt mit Sicherheit bereits um einiges selbstbewusster geworden. Doch natürlich hat sich dein Selbstvertrauen nicht bereits in allen Belangen verbessert. Wohl niemand von uns verhält sich in jeder Situation souverän und selbstbewusst. In manchen Situationen vertrauen wir auf unsere Stärken, in anderen tun wir dies allerdings nicht. Zum Beispiel hast du womöglich kein Problem damit, bei einer Party fremde Leute anzusprechen und sie in ein Gespräch zu verwickeln. Wenn du allerdings vor einer Gruppe von 20 Leuten einen Vortrag halten sollst, dann verlässt dich auf einmal dein Mut und du fängst zu schwitzen und zu stammeln an.

Die Frage ist nun, in welchen Situationen du dir wünschst, selbstbewusster aufzutreten und eine gehörige Portion gesundes Selbstvertrauen an den Tag zu legen? Schreib alle Situationen auf, die dir innerhalb einiger Minuten einfallen, in denen du dich nicht so gibst, wie du es gerne hättest.

Sobald du die Liste vor dir hast, frage dich zu jedem dieser Punkte, was du im Alltag tun könntest, damit diese Situation angenehmer für dich wird und wie du dir Schritt für Schritt mehr Mut antrainieren könntest. Um bei vorigem Beispiel der Präsentationsangst zu bleiben: Gibt es womöglich Gelegenheiten, in denen du – ohne großes Risiko für dein berufliches Fortkommen – deine rhetorischen Fertigkeiten trainieren könntest? Melde dich doch beispielsweise zu einem Rhetorikkurs an.

<u>Und ganz wichtig:</u>

Setze einen ersten Schritt – und mag er auch noch so klein sein – um zumindest in einer dieser Situationen einen kleinen Fortschritt zu erzielen. Setze diesen ersten Schritt wenn möglich innerhalb der nächsten Tage um (am besten gleich heute).

Kapitel 3

...

Den Blick auf die Gegenwart richten

Streng genommen leben wir nur in der Gegenwart. Die Vergangenheit ist bereits vorüber und die Zukunft hat noch nicht begonnen. Dennoch sind wir mit unseren Gedanken ständig in der Vergangenheit oder in der Zukunft und können somit den gegenwärtigen Moment nicht richtig genießen. Dabei gäbe es wohl täglich positive Momente und Ereignisse, die man stärker wertschätzen könnte.

Konzentriere dich deshalb mal eine Zeit lang voll und ganz auf die Gegenwart und mach dir bewusst, welche Erfolge du tagtäglich feiern kannst und wie viele schöne Momente es jeden Tag zu genießen gibt.

Die folgenden Übungen helfen dir dabei …

☺

→ Übung Nr. 30: Mein persönliches Erfolgstagebuch

Wir haben immer wieder Erfolge in unserem Leben zu feiern. Meist sind es zwar nur kleine Erfolge, aber hier und da gesellen sich auch richtig große dazu. Doch das Problem ist, dass wir unsere vielen kleinen Erfolge in der Regel nicht wahrnehmen. Wenn wir uns diese Erfolge aber nicht von Zeit zu Zeit bewusst machen, dann stärken sie auch nicht unser Selbstvertrauen. Das Erfolgstagebuch ist deshalb eine prima Möglichkeit, um sich Tag für Tag und Woche für Woche die großen und kleinen Erfolge im Leben vor Augen zu führen.

Und keine Angst! Das artet nicht in viel Arbeit aus. Das Einzige, was ich dir empfehle, ist, dir die wichtigsten drei bis fünf Erfolge eines jeden Tages aufzuschreiben und dafür dankbar zu sein. Mit ein bisschen Übung dauert das nur eine oder maximal zwei Minuten am Tag. (Wenn dir das noch immer zu aufwändig vorkommt, dann mach es wenigstens einmal wöchentlich – wenngleich täglich natürlich besser ist.)

Ich würde dir dringend raten, noch einmal ein paar Euro zu riskieren und dir ein schönes Notizbüchlein zu kaufen, das dir in Zukunft als Erfolgstagebuch dienen wird. Doch selbst wenn du dieses noch nicht zur Hand hast und du es erst kaufen musst, hindert es dich nicht daran, gleich jetzt mit dem Notieren der heutigen – beziehungsweise gestrigen – Erfolge zu beginnen. Für den ersten Eintrag kannst du ja dein Notizheft verwenden, das du dir für diese Übungen hier im Buch besorgt hast.

Schreibe jetzt gleich die wichtigsten drei Erfolge der vergangenen 24 Stunden auf. Und ja: Du findest mit Sicherheit drei Dinge, die du in den letzten 24 Stunden als Erfolg bezeichnen kannst. Es werden höchstwahrscheinlich kleinere und scheinbar unbedeutende Dinge sein. Doch das macht nichts. Es wird dir zumindest bewusst, dass jeder Tag Erfolge bereithält.

Und das Schöne ist: Wenn du beginnst, ein Erfolgstagebuch zu führen, dann wirst du in Zukunft wahrscheinlich bestrebt sein, möglichst oft kleine wie große Erfolge eintragen zu können, da du dir selbst beweisen willst, dass du es drauf hast und dein Leben ein voller Erfolg ist. Ein Erfolgstagebuch bringt also nicht nur ein gutes Gefühl und mit der Zeit gesteigertes Selbstvertrauen mit sich. Ein Erfolgstagebuch spornt außerdem zu eigener Leistung an. Der Mensch ist nämlich bestrebt, sich zu rechtfertigen – und wenn es nur vor sich selbst ist. Wehe es gibt nicht genügend angemessene Erfolge, die man in sein Erfolgstagebuch eintragen kann ☺.

➔ Übung Nr. 31: Mein Protokoll über erhaltene Komplimente

In der vorigen Übung habe ich dir empfohlen, mit dem Schreiben eines Erfolgstagebuches anzufangen. Ich hoffe wirklich, dass du dies konsequent machst, denn dies hat langfristig gesehen eine enorme Auswirkung auf dein Selbstvertrauen – und viel Zeit kostet es ja nicht. Sich täglich ein oder zwei Minuten dafür zu reservieren, stellt uns vor keine allzu großen Herausforderungen.

Wie wär`s also, wenn du dieses Erfolgstagebuch etwas erweitern würdest? Und zwar um all die Komplimente, die du im Laufe der Zeit so erhältst? Wir neigen nämlich dazu, dass wir die meisten Komplimente, die wir im Laufe unseres Lebens bekommen, zu vergessen bzw. registrieren wir sie nicht mal mehr. Somit wäre es doch angebracht, dass wir genauer darauf achten und sie schriftlich festhalten.

Es bietet sich sogar an, dass du ein paar Seiten deines Erfolgstagebuches extra für solche Komplimente reservierst. Vielleicht willst du sogar ein eigenes Notizbuch hierfür bereitstellen.

Eine mögliche Zusatzaufgabe:

Schau dir diese mit der Zeit größer werdende Liste immer dann an, wenn sich dein innerer Kritiker mal wieder zu Wort meldet und du an Selbstzweifeln leidest. Das baut dich bestimmt wieder auf.

➔ Übung Nr. 32: Mein Protokoll zu schönen Dingen im Alltag

Ebenso lohnenswert wie das Festhalten von Komplimenten kann es sein, sich auf all die schönen Dinge zu konzentrieren, die dir in deinem normalen Alltag begegnen.

Halte eine Woche lang jeden Tag Ausschau nach allem Schönen, das dir über den Weg läuft. Das können Personen sein, die besonders freundlich lächeln, das kann eine wunderschöne Herbstlandschaft sein, oder die Ausübung deines liebsten Hobbies.

Küre jeden Abend während dieser Woche den jeweiligen Sieger des Tages. Welche Erfahrung war an einem bestimmten Tag für dich die schönste? Wer war am freundlichsten? Was hat dir am besten gefallen?

Du wirst sehen: Wenn du bewusst nach Dingen Ausschau hältst, die dir gefallen, dann nimmst du jeden einzelnen Tag positiver wahr als sonst. In der Folge bekommst du mit der Zeit eine deutlich positivere Lebenseinstellung. Das ist viel effektiver als wenn du ein Buch über positives Denken liest und dann glaubst, dieses positive Denken irgendwie erzwingen zu müssen. Beschäftige dich lieber mit den schönen Dingen im Leben – dann klappt es meist auch mit dem positiven Denken.

Eine mögliche Zusatzaufgabe:

Wenn dir die Übung gefällt, dann kannst du sie natürlich über diese eine Woche hinaus ausdehnen. Du könntest sogar dein Tagebuch, in dem du deine Erfolge und Komplimente einträgst, um die Kategorie „schönster Moment des Tages" erweitern. Probier es ruhig aus!

➔ Übung Nr. 33: Die Erfolge der letzten Wochen würdigen

Wenn du alle bisherigen Übungen gemacht hast, dann arbeitest du wohl schon viele Wochen – wenn nicht Monate – mit diesem Buch. Gratuliere! Deine Selbstakzeptanz und auch dein Selbstvertrauen sollten davon bereits stark profitiert haben. Warum also nicht mal die Fortschritte der letzten Wochen würdigen?

Reservier dir für diese Übung ausreichend Zeit – mindestens eine Stunde am Stück. Gehe deine Notizen der Reihe nach durch:

Bei welchen Übungen hast du dich gut gefühlt? Was hast du bei der Durchführung der einzelnen Übungen über dich gelernt? Gibt es

Übungen, die du deiner Ansicht nach wiederholen solltest?

Richte deinen Blick auch auf deinen Alltag:

Gab es in den letzten Wochen bereits Situationen, wo du deutlich mehr Selbstvertrauen an den Tag gelegt hast als früher? In welchen Situationen im Alltag und in Anwesenheit welcher Personen verfügst du bereits über mehr Selbstsicherheit? Bist du womöglich sogar stolz auf deine bisherigen Fortschritte?

Kapitel 4

…

Für Zufriedenheit im Alltag sorgen

Zufriedenheit und Selbstvertrauen hängen eng zusammen. Und nicht nur das: Dieser Zusammenhang wirkt in zwei Richtungen. Einerseits kann die Stärkung deines Selbstvertrauens für mehr Zufriedenheit im Alltag sorgen.

Doch auch der umgekehrte Weg ist möglich: Indem du durch bestimmte Techniken deine Zufriedenheit erhöhst, kannst du gleichzeitig auch dein Selbstvertrauen stärken.

Welche Techniken dies sind, mit denen du etwas für deine Stimmungslage tun kannst, erfährst du in diesem Kapitel …

☺

➔ Übung Nr. 34: Das morgendliche Begrüßungsritual

In unserer Gesellschaft herrscht größtenteils die Vorstellung, dass es gut tut, wenn man seinen negativen Gefühlen – wie zum Beispiel Wut – freien Lauf lässt (zumindest in bestimmten Situationen). Herrschende Meinung ist, dass man lieber mal „Dampf ablassen" und ruhig auch herumschreien und sich austoben sollte.

Wieso diese Meinung immer noch so weit verbreitet ist, weiß ich nicht. Die Wissenschaft sagt nämlich längst etwas anderes. Psychologen haben längst festgestellt, dass Menschen, die ihren negativen Gefühlen wie Wut freien Lauf lassen, sich immer weiter in dieses negative Gefühl hineinmanövrieren. Dies wiederum führt dazu, dass dieses negative Gefühl noch länger andauert und es somit immer schwieriger wird, sich in eine positive Stimmung zu versetzen. Es dauert nämlich mehrere Stunden bis der Körper jene negativen Substanzen wieder abbaut, die durch einen ordentlichen Wutanfall ausgeschüttet werden. Somit ist man über Stunden hinweg von negativen Gefühlen eingenommen. Ein Wutausbrauch am Morgen kann also dazu führen, dass der ganze restliche Tag sprichwörtlich im A…. ist.

Genauso ist es auch mit positiven Gefühlen. Wenn du am Morgen positive Gedanken hegst, dann stehen die Chancen gut, dass auch der restliche Tag ein guter Tag wird. Denn auch im Falle erlebter Freude schüttet der Körper gewisse Substanzen aus, die dafür sorgen, dass man sich über einen längeren Zeitraum gut fühlt. Zudem trauen wir uns mehr zu, wenn wir positiv gestimmt sind. Somit hat dies auch unmittelbaren Einfluss auf unser Selbstvertrauen und darauf, ob wir unsere Ziele im Leben erreichen oder nicht.

Und das Schöne dabei: Wie genau dein Tag startet, kannst du zu einem großen Teil selbst beeinflussen. Gedanken und Mimik beispielsweise beeinflussen zu einem hohen Grad unsere Gefühle. Man kann sich somit glücklich in den Tag denken und lächeln.

Doch Achtung: Wenn du aufgrund äußerer Umstände in sehr schlechter Stimmung bist, dann zwing dich nicht dazu, auf einmal positive

Gedanken zu haben und zufrieden sein zu müssen. Selbstauferlegter Druck erzeugt meist genau das Gegenteil von dem, was wir erreichen wollen. Akzeptiere in einem solchen Fall die Situation vorläufig mal so wie sie ist.

An normalen Tagen jedoch könntest du folgendes ausprobieren:

Geh gleich am Morgen nach dem Aufstehen ins Badezimmer und wirf dir ein paar Minuten lang einen freundlichen Blick zu. Lächle dich an und wünsch dir einen guten Morgen.

Sage dir außerdem ein paar aufmunternde und motivierende Worte, die dich gut in den Tag starten lassen. Zum Beispiel könntest du dir sagen, dass dies heute ein prima Tag wird und du heute wichtige Dinge anpackst und erledigst.

Zu Beginn ist diese Übung natürlich sagenhaft schwer. Wer kommt sich beim ersten Mal nicht blöd vor, wenn er vor dem Spiegel steht und sich einen guten Morgen wünscht? Probiere es ruhig mal ein paar Tage lang aus. Du wirst sehn: Das komische Gefühl verschwindet mit der Zeit immer mehr und deine Tage verlaufen größtenteils positiver als sonst.

Und außerdem: Was verlierst du dabei schon außer zwei oder drei Minuten? Probier`s einfach mal eine Zeit lang jeden Morgen aus! ☺

➔ Übung Nr. 35: Ich tu mir etwas Gutes

Wann hast du dir zuletzt bewusst etwas Gutes getan? Wann hast du dir zuletzt selbst ein kleines Geschenk gemacht, vielleicht einen Tag lang die Seele baumeln lassen und einfach nur den Tag genossen?

Du weißt es nicht mehr? Liegt es womöglich wirklich schon so lange zurück? Dann wird es Zeit, dass du dir mal wieder etwas Gutes tust.

Mach dir als Zeichen eigener Wertschätzung eine Woche lang jeden Tag ein kleines Geschenk. Was für dich ein Geschenk ist, bestimmst du. Das ist bei jedem etwas anderes. Doch was es auch ist: es soll dir gut tun und dir das Gefühl geben, dass du dich selbst wertschätzt.

Entfliehe zum Beispiel all dem Stress, dem du täglich ausgesetzt bist und lies ein gutes Buch, das du immer schon mal lesen wolltest – selbst wenn es nur mal 15 Minuten zwischendurch sind. Oder mach bewusst Pause mit der 1-Minuten-Meditation (siehe Übung Nr. 49). Vielleicht gönnst du dir auch mal, dich am Vormittag ins Cafè zu setzen, was du sonst nie tust. Oder du gönnst dir mal einen ganzen Tag in der Therme, weil du so stolz bist auf dich, da du alle bisherigen Übungen in diesem Buch gemacht und dein Selbstvertrauen bereits gehörig gesteigert hast.

Was es auch ist, tu dir für die nächsten Tage täglich etwas Gutes. Ob dies nur eine Kleinigkeit ist, oder ob es etwas richtig Großes ist: das ist nicht so wichtig. Es soll dir zeigen, dass du es dir wert bist. Unternimm deshalb mal Dinge, die du sonst nie machst.

➔ Übung Nr. 36: Dankbarkeit verspüren

Wenn wir dankbar für irgendetwas sind, konzentrieren wir uns auf etwas Positives. Ja besser noch: Wir können gar nicht negativ gestimmt sein, wenn wir im selben Moment für etwas dankbar sind. Dankbarkeit ist ein mächtiger Schlüssel zu einem zufriedenen Leben – und langfristig auch zu mehr Selbstvertrauen.

Mach dir mal bewusst, für was du alles dankbar sein kannst. Nimm dein Notizbuch zur Hand und schreibe für ein paar Minuten alles auf, was dir so einfällt. Notiere dir auch ganz kleine Dinge, die du für selbstverständlich hältst, die aber womöglich nicht für alle Menschen auf der Erde so selbstverständlich sind wie für dich.

Wofür bin ich heute dankbar? Was ist mir heute Schönes widerfahren?

Wofür bin ich generell dankbar? Was ist mir in meinem bisherigen Leben Schönes widerfahren? Welche schönen Dinge besitze ich, für die ich dankbar sein kann?

Nimm dir die Liste nun mindestens einmal täglich für eine Woche lang zur Hand und lies sie durch. Falls dir ein weiterer Punkt einfallen sollte, für den du dankbar sein kannst, dann ergänze ihn. Es wird dich wahrscheinlich verblüffen, wie lang die Liste mit der Zeit wird.

Eine mögliche Zusatzaufgabe:

Natürlich kannst du auch zwischendurch immer mal wieder Dankbarkeit verspüren für alles, was du hast. Dazu brauchst du noch nicht mal dein Notizbuch zur Hand nehmen. Selbst wenn du an der Supermarktkasse stehst und du länger warten musst als sonst, kannst du dir in Erinnerung rufen, wofür du alles dankbar sein kannst. Damit kannst du in Sekundenschnelle deine Laune verbessern und positive Gefühle generieren. Dankbarkeit ist vielleicht der beste Weg zur Zufriedenheit.

➔ Übung Nr. 37: Ich schenk mir öfter mal ein Lächeln :-)

Weißt du was? Selbst wenn du nur gequält lächelst, kann dies bereits deine Stimmung verbessern. Wir können gar nicht mies gelaunt bleiben, wenn wir nur lange genug lächeln. Ich weiß, dass dies nicht immer leicht ist, besonders wenn du mal wirklich schlecht drauf sein solltest. Doch probier es mal aus:

Zaubere ein Lächeln in dein Gesicht – am besten vor dem Spiegel – und behalte dieses für mindestens 10 Sekunden bei. Das tut dir gut, du wirst sehen.

Mach das eine Woche lang jeden Tag einige Male. Du wirst erstaunt sein, welch positiven Einfluss dies auf deinen Tagesablauf hat. In der Regel sind wir dadurch den ganzen Tag über besser gelaunt. Zudem legen wir dadurch auch mehr Selbstsicherheit an den Tag.

Lächle aber nicht nur vor dem Spiegel. Versuch auch während deiner täglichen Verrichtungen öfter zu lächeln – zum Beispiel im Büro. Das hebt oft genug auch die Stimmung deiner Mitmenschen um dich herum. Manchmal bekommst du auch ein Lächeln zurück – was sich erneut positiv auf dich auswirkt.

Erinnere dich einfach immer mal wieder zwischendurch, dass du nun lächeln könntest. Mit der Zeit wird dies ganz selbstverständlich für dich und du beginnst ohne bewusste Anstrengung öfter am Tag einen freundlichen Gesichtsausdruck aufzusetzen. Dadurch wirst du insgesamt zu einem zufriedeneren und großteils positiv denkenden Menschen.

➔ Übung Nr. 38: Meine Gute-Laune-Liste

Du hast das sicher schon mal erlebt: Du warst trübsinnig und schlecht gelaunt und bist spontan einer Aktivität nachgegangen, um dich etwas abzulenken. Und siehe da, die Aktivität hat wirklich deine Laune verbessern können. Ist doch so oder? Wäre es da nicht klug, immer mal wieder solche Aktivitäten auszuüben beziehungsweise gewisse Dinge in Reichweite zu haben, die die eigene Laune wieder anheben, falls es dir mal etwas schlechter gehen sollte? Ich denke ja.

Deshalb schlage ich dir heute mal folgendes vor: Leg dir eine Gute-Laune-Liste mit allen Dingen und Aktivitäten an, die dir ein besseres Gefühl bescheren. Denn eines ist klar: Wenn die Stimmung öfter als bisher positiv ist, dann wirkt sich das auch auf dein Selbstvertrauen aus. Schlechte Stimmung bedeutet nämlich, dass langfristig dein Selbstvertrauen flöten gehen könnte, da in solchen Momenten unser innerer Kritiker besonders laut ist und uns nur Negatives in den Sinn kommt. Da ist es gut, entsprechend gegensteuern zu können.

Notier dir gleich jetzt mindestens 10 Aktivitäten, Gegenstände und Situationen, die sich positiv auf deine Laune auswirken (beziehungsweise auswirken könnten). Außerdem solltest du diese Liste regelmäßig um neue Dinge erweitern, die dir mit der Zeit noch in den Sinn kommen.

Doch belass es nicht einfach beim Schreiben der Liste. Sorge auch dafür, die Dinge parat zu haben, falls mal wieder schlechte Laune herrscht.

Leg dir zum Beispiel ein Musikalbum mit Liedern an, die deine Laune aufhellen.

Leg dir beispielsweise gewisse Filme bereit, die dich zum Lachen bringen.

Bücher, eBooks und bestimmte Webseiten können einen ähnlichen Effekt auf deine Stimmung haben.

Vielleicht verbessert es deine Laune, wenn du dir mal die Ergebnisse bisheriger Übungen durchliest, wie zum Beispiel die Antworten zur Übung Nr. 1, wo es darum ging, dir deiner eigenen Stärken bewusst zu werden.

Zudem könntest du deine Sporttasche bereitlegen, um ständig dafür gerüstet zu sein, ins Fitnessstudio beziehungsweise eine Runde laufen zu gehen. Beides kann deine Laune schlagartig verbessern.

Und das Schöne an dem Ganzen: Du kannst diese Dinge ja nicht nur dann machen, wenn es dir mal wieder schlecht geht. Auch wenn alles in Ordnung ist, kannst du darauf zurückgreifen und für noch bessere Laune sorgen.

Denn es gilt:

„Du bist heute das, was du gestern gedacht hast.“

Dieser Spruch von Martin Luther zeigt, dass du öfter positiv über dich denken solltest. Das geht aber nur, wenn du in guter Stimmung bist.

➔ Übung Nr. 39: Die Fünf-Finger-Übung

Die letzten beiden Übungen enthielten bereits geeignete Maßnahmen für jene Tage, an denen wir uns nicht so gut oder gar niedergeschlagen fühlen. Und dies trifft in besonderer Weise auch auf diese Übung zu. Nur leider ist sie etwas aufwändiger – doch das sollte dich keinesfalls daran hindern, sie auszuprobieren. Gib ihr bitte eine Chance.

Beachte dabei, dass du auch die Fünf-Finger-Übung einige Tage hintereinander durchführen solltest, bevor du dir eine Meinung über sie bildest. Es wäre möglich, dass sie nämlich genau das Richtige für dich ist. Dies findest du aber erst heraus, nachdem sie sich automatisiert hat. Gib ihr also eine reelle Chance, indem du sie öfters wiederholst.

Setz dich dazu ganz locker auf einen Stuhl. Atme ein paar Mal entspannt ein und aus. Schließe nun die Augen und richte deine Aufmerksamkeit auf deine rechte Hand (die linke bei Linkshändern). Berühre mit dem Daumen die Spitze deines Zeigefingers. Visualisiere einen bestimmten Moment aus deiner Vergangenheit und erinnere dich, wie du dich damals richtig geliebt und geborgen gefühlt hast (siehe die beiden Übungen Nr. 6 & 7).

Berühre als nächstes deinen Mittelfinger und erinnere dich dabei kurz an einen früheren Erfolg (siehe die Übungen Nr. 4 & 5). Dasselbe machst du nun mit deinem Ringfinger. Diesmal erinnere dich an etwas, das du für einen anderen Menschen getan hast (siehe Übung Nr. 9). Als letztes berührst du mit deinem Daumen deinen kleinen Finger und rufst dir einen Moment lang in Erinnerung, wie du mal jemanden geliebt hast bzw. immer noch liebst.

Du fragst dich jetzt vielleicht, was es mit dem Berühren deiner Finger auf sich hat. Ganz einfach: Das ist nichts weiter als ein so genannter Anker. Wenn du die Übung oft genug wiederholt hast, dann brauchst du nur mehr einen deiner Finger mit dem Daumen zu berühren und schon verspürst du in Sekundenbruchteilen erneut dieses angenehme Gefühl – und zwar ohne bewusst diese Situation visualisiert zu haben. Somit ist dies eine wundervolle Technik, um sich in Windeseile in eine bessere Stimmung zu bringen. Dieser Anker bildet also den nötigen Reiz, um in dir diese positiven Gefühle auszulösen.

Mach diese Übung also mindestens eine Woche lang – am besten mehrmals täglich um erste Erfolge sehen zu können. Die Visualisierungen müssen auch gar nicht lang sein – ein paar Sekunden können bereits genügen, um dich in die jeweilige Situation erneut hineinversetzen zu können. (Natürlich tritt der gewünschte Effekt schneller und sicherer ein, wenn du dir speziell beim ersten Mal deutlich länger Zeit lässt und die Übung ganz bewusst durchführst.)

➔ Übung Nr. 40: Die Reise an einen schönen Ort

Für diese Visualisierung solltest du dir vor allem beim ersten Mal etwas länger Zeit an einem Stück nehmen. Sieh zu, dass du dafür zumindest eine Viertel- oder besser sogar eine halbe Stunde lang ungestört bist (bei mehrmaliger Wiederholung reichen irgendwann bereits 5 Minuten). Mach es dir dabei so bequem wie möglich. Du kannst dich dabei entweder hinsetzen oder hinlegen – probier am besten beides aus.

Schließe deine Augen und konzentriere dich voll und ganz auf deinen Körper. Spüre, wie dein Atem ein- und ausströmt. Fühle, wie die Anspannung bei jedem Ausatemzug geringer wird.

Stell dir nun einen schönen imaginären Ort vor. Stell dir diesen Ort so konkret wie möglich vor. Was siehst du alles? Was fühlst du, wenn du an diesem Ort bist? Nimm alles wahr, was dort ist – die Geräusche, die Landschaft und die verschiedenen Farben. Genieße einfach den Aufenthalt und spüre, wie alle Anspannung in deinem Körper nachlässt und du immer ruhiger wirst.

Kehre nach einigen Minuten zurück, indem du einmal kräftig ein- und ausatmest. Und ganz wichtig: Wiederhole diese Übung mehrmals. Du wirst die Erfahrung machen, dass sie sich mit jedem Mal besser anfühlt.

Der Sinn dieser Übung ist, dass sie unsere momentane Laune und mit der Zeit unser allgemeines Wohlbefinden verbessert. Unser Unterbewusstsein registriert nämlich alles was passiert. Hegen wir gute Gedanken und Gefühle, nimmt dies unser Unterbewusstsein ebenso wahr, als wenn wir negative Gedanken und Gefühle haben. Wenn wir also eine solche Traumreise machen, dann verspüren wir wohlige Gefühle, welche unser Unterbewusstes registriert und abspeichert. Wenn wir dies oft genug wiederholen, verbessern wir unsere Stimmung dadurch nachhaltig. Eine positive Grundstimmung und psychisches Wohlbefinden wiederum sind die unbedingte Basis eines gesunden Selbstvertrauens. Gib also auch dieser Übung eine Chance – selbst wenn sie dir auf den ersten Blick nicht sonderlich zusagen sollte!

➔ Übung Nr. 41: Ein Tag voller Gemütlichkeit

Geht es dir auch manchmal so: Du kommst dir vor wie ein Roboter, der den lieben langen Tag herumgeschubst und von seinem Umfeld lediglich als nützliche Arbeitsressource genutzt wird? Am Arbeitsplatz hast du pünktlich zu erscheinen und bis zum Feierabend brav deine Arbeiten zu machen und die Termine wahrzunehmen. Und auch zu Hause tanzt du womöglich nach der Pfeife deiner Kinder, deines Partners bzw. deiner Eltern etc.

Wie wär's also mal mit einem ganzen Tag voller Gemütlichkeit? Und damit meine ich nicht das Wochenende, sondern einen Tag unter der Woche, an dem du normalerweise arbeiten und nach der Pfeife anderer tanzen würdest. Nimm dir bewusst frei und sorg dafür, dass du diesen Tag ganz für dich hast und dir niemand „dreinpfuscht" und versuchen könnte, wieder einmal einen Gefallen von dir einzufordern.

Dieser Tag sollte wirklich komplett unter dem Motto Gemütlichkeit stehen. An diesem Tag solltest du also jede Zeit der Welt und keinerlei Termine haben. An diesem Tag gibt es keinen Wecker, keine Uhr und keine E-Mail. Hartgesottene könnten auch einen Tag lang das Handy ausgeschaltet lassen. Meinst du, du schaffst das?

Kapitel 5

...

Sich selbst besser kennenlernen

Wie soll jemand, der sich selbst nicht wirklich kennt, Selbstvertrauen besitzen? Ich fürchte, dass dies nicht möglich ist.

Genauso wichtig wie es ist, sich selbst akzeptieren zu können, ist es auch wichtig, sich selbst gut zu kennen.

Somit ist neben der Selbstakzeptanz das Selbstbewusstsein eine wichtige Basis für ein gesundes Selbstvertrauen. Nur selbstbewusste Menschen wissen wer sie tief im Inneren sind, was sie erreichen wollen im Leben und was sie glücklich oder traurig macht.

Und diese Erkenntnisse brauchst du, um dein Selbstvertrauen nachhaltig stärken zu können …

☺

➔ Übung Nr. 42: Der Abgleich zwischen Selbstbild und Fremdbild

In Übung Nr. 19 hast du dir bereits deine eigenen Schwächen bewusst gemacht. Eine mögliche Zusatzaufgabe war es außerdem, andere Personen danach zu fragen, was sie als deine Schwächen ansehen. Wenn du dies noch nicht gemacht haben solltest, dann hol es bitte jetzt nach – ansonsten kannst du diese Übung nicht machen. Denn um dein Selbstbild mit deinem Fremdbild zu vergleichen, ist es natürlich zuallererst erforderlich, dass du diese kennst.

Wie sieht es aus? Weichen deine Ansichten zu deinen Schwächen sehr stark von jenen deiner Mitmenschen ab? Wo bist du derselben Ansicht wie andere? Wo bist du nicht so ganz einverstanden mit der Außensicht auf deine Schwächen?

Die Vermutung liegt nahe, dass du dich oft stark verstellst und nicht dein wahres Gesicht nach außen hin zeigst. Das ist typisch für Menschen mit geringem Selbstvertrauen – sie tendieren dazu, anders sein zu wollen und spielen deshalb eine Vielzahl unterschiedlicher Rollen. Sie sind nach außen hin oft kühl und reserviert, obwohl sie sich in ihrem Innern nach Freundschaft und Nähe sehnen. Doch wie steht`s mit dir? Trifft das ansatzweise auf dich zu?

Damit ist es natürlich noch nicht getan. Notiere dir als nächstes mögliche Gründe für die Diskrepanzen zwischen deinem Selbstbild und dem Fremdbild. Warum glauben andere, dass du so und so bist, obwohl dies deiner Meinung nach überhaupt nicht auf dich zutrifft?

Was könntest du tun, damit dich andere so wahrnehmen, wie du tief im Innern wirklich bist? In welchen Situationen, in Anwesenheit welcher Menschen solltest du aufhören, dich zu verstellen? Welches Verhalten willst du endlich nicht mehr an den Tag legen, weil es dich gänzlich anders zeigt als du tatsächlich bist?

Lass dir für die Beantwortung dieser Fragen Zeit. Es ist wirklich von großem Nutzen, sich diese Fragen zu stellen und eingehend darüber nachzudenken. Dadurch erfährst du sehr viel über dich. Nur so kommen wichtige Dinge zum Vorschein, die vorher noch unbewusst waren. Und das wiederum ist die Voraussetzung für ein stabiles Selbstvertrauen. Denn ein starkes Selbstvertrauen setzt voraus, dass du dich deiner selbst bewusst wirst. Selbstbewusste Menschen wissen wer sie genau sind, was sie erreichen wollen im Leben, was sie glücklich oder traurig macht etc. Und sie wissen selbstverständlich auch, was ihre Stärken und Schwächen sind und wie sie von anderen in ihrer Umgebung wahrgenommen werden.

➔ Übung Nr. 43: Meine Vorbilder

Wenn wir uns an Vorbildern orientieren, dann unterstützen wir uns dadurch bei unserer eigenen Veränderung. Vorbilder geben uns Orientierung. Sie geben uns Mut und sie lassen uns häufig länger durchhalten.

Es geht dabei aber nicht darum, unsere Vorbilder in allem was sie tun zu kopieren. Sehr oft bewundern wir diese Personen ja nur aufgrund *einer* Eigenschaft bzw. *einer* persönlichen Leistung. Und dies wollen wir unseren Vorbildern möglichst gleichtun. Doch eines ist klar: Wir können von Vorbildern eine Menge lernen – sofern wir bereit dazu sind.

Nimm deshalb erneut dein Notizbuch zur Hand und überlege dir mal für ein paar Minuten, wer in der Vergangenheit ein Vorbild für dich war – und zwar egal in welchen Dingen:

Hast du vielleicht auch heute noch Vorbilder, die du für ihre Leistungen, ihr Können oder ihren Charakter bewunderst? Schreibe alle Vorbilder, die dir einfallen, in dein Notizbuch. Notiere darin auch, wieso du die jeweilige Person so bewunderst. Was macht sie so einzigartig für dich?

Diese Übung ist in zweierlei Hinsicht nützlich: Zum einen wirst du dazu angeregt, es ihnen in gewisser Weise gleichzutun, dich anzustrengen und gewisse positive Verhaltensmuster von ihnen anzunehmen. Zum anderen geben Vorbilder Aufschluss darüber, was du im Leben erreichen möchtest und worin deine Prioritäten liegen sollten. Du lernst dich dadurch selbst ein Stück weit besser kennen. Und darum geht es im Übrigen ja auch in all den Übungen dieses Kapitels …

Eine mögliche Zusatzaufgabe:

Konzentriere dich nicht nur auf bekannte Vorbilder aus Fernsehen, Politik und Kultur. Womöglich gibt es auch Leute in deinem Verwandten- und Bekanntenkreis, die du für irgendetwas bewunderst? Frage dich auch bei ihnen, was genau es ist, das du so bewunderst. Was könntest du von ihnen lernen?

Umgekehrt könntest du dich auch fragen, wen du für irgendetwas beneidest. Es gibt sicher irgendwen in deinem nahen oder auch etwas ferneren Bekanntenkreis, dem du etwas missgönnst – hab ich nicht Recht? Frage dich doch mal, warum das so ist.

➔ Übung Nr. 44: Meine Wünsche und Ziele

Um genau das Leben führen zu können, das du dir erhoffst, musst du erst einmal deine Wünsche und Ziele kennen. Du musst herausfinden, was dir persönlich wichtig ist im Leben. Was möchtest du unbedingt noch alles erreichen, tun und besitzen? Nicht jedem von uns ist nämlich tatsächlich klar, was wir im Leben erreichen wollen. Viel zu oft übernehmen wir ungeprüft die Ziele und Werte der Gesellschaft bzw. unserer näheren Umgebung, in der wir aufgewachsen sind. Oft glauben wir sogar, dass es *unsere* Ziele sind – obwohl wir in Wahrheit das Leben eines anderen leben und nicht unser eigenes. Kein Wunder, dass wir so oft unzufrieden sind und nicht genau sagen können warum.

Deshalb wird es Zeit, dir deiner Wünsche und Lebensziele bewusst zu werden. Dazu gibt es 5 Schritte, die du meines Erachtens allesamt durchlaufen solltest. Das wird zwar einige Zeit in Anspruch nehmen – doch es ist unglaublich lohnend:

Schritt 1: Ein erstes Brainstorming

Nimm dein Notizbuch zur Hand und schreibe alles auf was dir einfällt, wenn du an persönliche Wünsche und Lebensziele denkst. Hör in dieser Phase keinesfalls auf deinen inneren Kritiker, der dir sagt, dass dieses oder jenes Ziel nicht realistisch ist. Tu einfach so, als wäre alles möglich. Du kannst ruhig auch in deinen Augen verrückte Ideen haben. Heraus kommen soll erstmal Quantität, nicht Qualität. Sammle also möglichst viele Ideen, die du vorerst nicht hinterfragst.

Erst nachdem du alles aufgeschrieben hast, was dir so eingefallen ist, kannst du deine Gedanken mal etwas sortieren. Durch das Sortieren siehst du sehr schön, an welche Dinge du wie oft gedacht hast. Frage dich nun, ob dir diese Dinge persönlich wirklich so wichtig ist, oder ob es einfach Dinge sind, die in unserer Gesellschaft als anerkannt und allgemein als wünschenswert gelten? Sei dabei unbedingt ehrlich zu dir selbst!

Schritt 2: Dem Status Quo auf der Spur

Betrachte nun als nächstes dein derzeitiges Leben. Stelle dir vor allem die nachfolgenden drei Fragen (und beantworte sie wie immer schriftlich):

Bin ich alles in allem zufrieden mit meinem Leben?

In welchen Bereichen bin ich nicht so ganz zufrieden?

In welchen Bereichen meines Lebens bin ich bereits zufrieden?

Hinterfrage unbedingt auch, warum du so denkst, zumal es möglich ist, dass deine Antworten nicht deine eigenen Wertvorstellungen wiedergeben, sondern jene deiner Familie, deiner Freunde oder der Gesellschaft als Ganzes. Stell dir also auch diese Fragen:

Warum bin ich zufrieden bzw. nicht zufrieden mit meinem Leben?

Warum bin ich in manchen Bereichen zufrieden mit dem Status Quo?

Warum bin ich in anderen Bereichen nicht zufrieden mit dem Status Quo?

Schritt 3: Die Vergangenheit beleuchten

Nachdem du dir nun Gedanken gemacht hast, welche Ziele du in deinem Leben verfolgen könntest und wie zufrieden du mit deinem gegenwärtigen Leben bist, kannst du als Nächstes deine Vergangenheit Revue passieren lassen.

Nimm dazu deine Unterlagen zu den Übungen aus dem ersten Kapitel zur Hand. Ergänze die bisherigen Ausführungen durch neue Antworten auf folgende Fragen:

Wann ging es mir in der Vergangenheit besonders gut? Welche Augenblicke habe ich besonders genossen? Bei welchen Tätigkeiten habe ich mich wohl gefühlt? Mit welchen Menschen war ich gern zusammen? Was waren die Gründe dafür?

Und umgekehrt: Wann ging es mir nicht so gut? Wann hatte ich ein ungutes Gefühl und war nervös? Welche Tätigkeiten übe ich nicht so gerne aus? In Gesellschaft welcher Menschen fühle ich mich unwohl?

Schritt 4: Sich den perfekten Tag vorstellen

Nun geht es um deine Vorstellung einer perfekten Zukunft. Fang an zu träumen. Notiere dir, wie dein idealer Tag aussehen könnte. Du hast ja in den ersten drei Schritten unzählige Einsichten in Dinge gewonnen, die dir wirklich wichtig sind. Die Chancen stehen also gut, dass du dir jetzt wirklich *deinen* perfekten Tag ausmalst, und nicht den eines / einer anderen – jemand, der du im Inneren einfach nicht bist.

Der perfekte Tag muss nichts mit deinem bisherigen Leben zu tun haben. Du kannst herrlich unrealistisch bei deiner Visualisierung sein. Es geht ja schließlich um deine Träume. Sei also bitte nicht wertend und überprüfe nicht andauernd die Realisierbarkeit deiner Gedanken. Natürlich kann der perfekte Tag sehr wohl Dinge enthalten, die du bereits tust oder besitzt – was ja auch ein gutes Zeichen ist.

Wenn du dir den idealen Tag ausmalst und vor deinem geistigen Auge ablaufen lässt, dann geh dabei bitte ins Detail und stell dir alles sehr konkret vor:

Wo wohnst du? In welchem Land wohnst du? Bist du verheiratet? Hast du Kinder? Wie ist das Verhältnis zu deiner Frau / deinem Mann und deinen Kindern? Womöglich hast du bereits erwachsene Kinder: Bleibst du in der Nähe deiner Kinder (bzw. Enkelkinder) oder lebst du in einem anderen Land? Mit welchen Menschen triffst du dich? Sind es dieselben Menschen wie bisher? Welcher Arbeit gehst du nach? Gehst du überhaupt einer Arbeit nach? Welche Hobbys hast du? Was tust du sonst den lieben langen Tag?

Hast du ein eigenes Haus oder eine Wohnung? Besitzt du einen Garten? Was besitzt du sonst noch alles? Hast du ein Haustier oder gar mehrere? Lebst du das ganze Jahr über am selben Ort oder bist du ständig woanders? Lebst du in einer warmen Klimazone oder hast du es lieber kühl?

Wie hast du dich über die Jahre entwickelt? Was für Wissen hast du dir über die Jahre angeeignet? Welche Fähigkeiten hast du verbessert bzw. entwickelt? Engagierst du dich sozial? Pflegst du ein gutes Verhältnis zu deinen Nachbarn?

Dies sind lediglich Beispielfragen um dir zu zeigen, dass du dir den perfekten Tag möglichst konkret vorstellen solltest. Beschreibe alles so detailliert wie möglich.

Schritt 5: Den 80. Geburtstag visualisieren

Im fünften und letzten Schritt geht es nochmals um die Visualisierung deiner Zukunft. Stell dir vor, du feierst gerade deinen 80. Geburtstag. Du feierst ihn mit vielen Gästen in einem Lokal, das du extra hierfür angemietet hast. Alle möglichen Leute sind erschienen: Freunde, Verwandte, einige Bekanntschaften von früher, Mitglieder eines Vereins, in dem du ebenfalls tätig bist und auch ehemalige Arbeitskollegen von dir. Jeweils ein Vertreter dieser fünf Gruppen hält nun eine Rede vor den versammelten Gästen. Was werden die einzelnen Personen wohl über dich sagen?

Was möchtest du von ihnen hören über dich? Was sollen sie sagen, wie du als Mensch bist, als Freund, Arbeitskollege und Vereinsmitglied?

Welche positiven Charaktereigenschaften werden sie erwähnen? In was werden sie dich bewundern? Was werden sie besonders erwähnen, das du in deinem Leben erreicht hast?

Ich weiß, dass diese Übungen eine Menge Zeit in Anspruch nehmen. Doch es zahlt sich aus. Wenn du alle fünf Schritte absolviert hast, dann hast du eine solide Idee davon, wie du dein Leben wirklich leben willst. Du hast dann eine Ahnung davon, was dir wirklich wichtig ist im Leben, wofür du sozusagen „brennst“. Dieses Wissen ist die Grundlage dafür, dass du dich richtig kennenlernst und dies wiederum ist die unbedingte

Voraussetzung für mehr Selbstbewusstsein.

➔ Übung Nr. 45: Meine Motive und Wertvorstellungen

Viele Ziele, die sich Menschen setzen, sind nicht ihre eigenen. Sie dienen lediglich dazu, Erwartungen anderer Menschen bzw. der Gesellschaft als Ganzes zu erfüllen, um als „normal“ zu gelten. Doch was ist schon normal? „Normal“ ist der Durchschnitt. Es steckt ja schließlich das Wort „Norm“ darin. Wenn man zur Norm gehört, bedeutet dies, dass man zur Mehrheit gehört. Doch ist gesagt, dass die Mehrheit richtig liegt? Ist gesagt, dass ich mich wohlfühle, wenn ich mich immer nur anpasse?

Eine Frage, die sich dabei stellt, ist:

Worin liegt der Zweck, wenn man Ziele verfolgt, die nicht die eigenen sind?

Im Grunde fällt die Antwort recht leicht: Wir alle haben das Bedürfnis dazuzugehören. Doch das Problem dabei ist, dass wir meist keinen allzu großen Erfolg haben, wenn wir uns ständig verstellen und Ziele anderer verfolgen. Die Wahrheit ist, dass wir meist besser bei anderen Menschen ankommen, wenn wir authentisch sind und unsere eigenen Ziele verfolgen (natürlich Ziele, die anderen nicht schaden!). Gerade notorische Ja-Sager werden nämlich sehr oft nur ausgenutzt und herumgeschubst. Leute, die auch mal Nein sagen können, werden meist eher akzeptiert und vor allem respektiert.

Natürlich musst du nicht gleich alles verteufeln, was als normal gilt. Es gilt jetzt nicht alles anders zu machen nur um ja anders zu sein. Das wäre ebenso der falsche Weg. Die Wahrheit liegt wie so oft irgendwo dazwischen. Es gilt, dir deiner grundlegenden persönlichen Werte bewusst zu werden. Wenn sich ein gesellschaftlich akzeptiertes Ziel mit deinen Werten deckt, dann ist das wunderbar! Wenn dem aber nicht so ist, dann wird es Zeit zu handeln. Denn: Werte haben einen großen Einfluss auf unser Verhalten. Sie steuern uns unbewusst. Wenn ein Ziel nicht zu unseren Werten passt, dann können wir zwar bewusst versuchen, es zu erreichen. Unser Unterbewusstsein wird aber alles daran setzen, die

Erreichung des Ziels zu verhindern.

Doch leider ist es gar nicht so einfach, den eigenen Werten auf die Spur zu kommen. Immerhin steuern sie unser Verhalten unbewusst. Sie verschließen sich also unserem Bewusstsein. Werte dürfen nämlich nicht verwechselt werden mit rationalen Absichten. Wenn du deinen Werten auf die Spur kommen willst, solltest du demnach den emotionalen Weg beschreiten.

Die folgenden Fragen solltest du daher überwiegend aus dem Bauch heraus (also gefühlsmäßig und nicht rational) beantworten:

Wie wichtig…

... ist dir eine Familie?

... ist dir ein fixer Partner / eine Partnerin?

... ist dir Treue in der Partnerschaft?

... sind dir eigene Kinder?

... ist dir, auch Zeit alleine zu verbringen?

... ist dir die Beziehung zu Freunden?

... ist dir deine Freizeit?

... sind dir Hobbies?

... ist dir deine Gesundheit und Fitness?

... ist dir dein Aussehen?

... ist es dir, einen wichtigen Beitrag für die Gesellschaft zu leisten?

... ist dir persönliche und geistige Entwicklung?

... ist dir beruflicher Erfolg?

... sind dir Kontakte zu Arbeitskollegen?

... sind dir Religion und Glaube?

... ist dir materieller Besitz?

Auch die folgenden Fragen solltest du möglichst spontan und vor allem schriftlich beantworten:

Was ist dir wichtiger: viele lose Beziehungen oder einige wenige, dafür aber sehr enge Beziehungen zu Freunden?

Wie fühlst du dich, wenn du allein bist (vor allem am Wochenende oder zu bestimmten Feiertagen)?

Was würdest du am liebsten in deiner Freizeit tun (wenn alles Denkbare möglich wäre)?

Arbeitest du lieber alleine oder in Gesellschaft von Kollegen?

Nun gilt es in einem letzten Schritt noch nach den Wurzeln deiner Werte zu suchen. Dabei analysieren wir die sozialen Einflüsse:

Ähneln deine Werte stark jenen deiner Eltern?

Wie stark ähneln deine Werte jenen deiner Freunde?

Wie sieht es mit den Wertvorstellungen deines Partners beziehungsweise deiner Partnerin aus? Gibt es da starke Ähnlichkeiten?

Wie steht es um die Wertvorstellungen deiner Arbeitskollegen? Sind da Übereinstimmungen zu sehen?

Wie schauen die Werte deiner Kollegen im Verein aus, etc...?

Haben sich deine Werte abhängig von deinen Bekanntschaften über die Jahre verändert?

Hast du dich vielleicht angepasst, weil du einfach nur dazu gehören wolltest?

Und die entscheidenden Fragen:

Wie werden Eltern, Partner, Freunde und Kollegen reagieren, wenn du deine Ziele nach deinen wahren Werten ausrichtest und dich somit zum Teil veränderst?

Welche Gefühle löst dies bei dir aus? Verspürst du Unbehagen dabei, wenn du dir dies ausmalst?

Ich glaube, es ist ganz entscheidend, sich diese letzte Frage zu stellen. Oft schrecken wir davor zurück, uns zu verändern, weil wir zu sehr Angst davor haben, was andere wohl davon denken mögen. Und so verändern wir uns nie. Doch beachte eines: Wenn du immer nur tust, was andere von dir erwarten, dann erfüllst du zwar deren Erwartungen – glücklich und zufrieden wirst du damit aber im Normalfall nicht.

Eine mögliche Zusatzaufgabe:

Sollten die Ziele, die du dir in Übung Nr. 44 gesetzt hast, im Widerspruch zu deinen persönlichen Werten stehen, dann musst du wohl oder übel von vorne beginnen. Ich weiß, dass dies mental nicht leicht ist. Doch es bringt nichts, Ziele zu verfolgen, hinter denen man nicht mit voller Überzeugung steht. Erstens wirst du sie wahrscheinlich nicht erreichen und zweitens wird dich auch die Erreichung nicht besonders glücklich machen, da deine Ziele eben nicht deine wahren Werte widergespiegelt haben.

➔ Übung Nr. 46: Eine erste Achtsamkeitsübung

Diese Übung dreht sich voll und ganz um deine Achtsamkeit – Achtsamkeit für dich, deinen Körper, sowie für deine Gedanken und Gefühle. Wie alle Übungen in diesem Kapitel dient auch diese Übung dazu, dich selbst besser kennenzulernen, indem du dich mit deinen Gedanken und Gefühlen näher beschäftigst.

Ziehe dich für diese Übung an einen ruhigen Ort zurück, wo du nicht gestört wirst. Schalte den Computer, das Handy und alle übrigen potentiellen Störfaktoren ab und konzentriere dich ganz auf dich selbst.

Atme ein paar Mal tief ein und langsam wieder aus. Stell dir sodann folgende Fragen:

Geht es mir gerade gut? Wie fühle ich mich jetzt in diesem Moment? Wieso geht es mir gut beziehungsweise weniger gut?

An was dachte ich gerade? Was hat mich in den letzten Stunden am meisten beschäftigt? Warum hat es mich so beschäftigt?

Nimm die Antworten auf diese Fragen einfach nur wahr – ohne etwas daran verändern zu wollen. Akzeptiere deine Gedanken und Gefühle so wie sie gerade sind. Es geht bei dieser Übung einzig und allein um die Wahrnehmung und um nichts weiter. Du kannst also überhaupt nichts falsch machen. Du brauchst nichts an dir zu korrigieren und auch nichts zu verändern. Heiße alles willkommen was auftaucht – ohne es zu beurteilen oder in irgendeiner Weise verändern zu wollen. Ausnahmsweise solltest du die Übung nicht schriftlich machen. Lass einfach deinen Gedanken freien Lauf – weiter nichts.

Und ganz wichtig: Wiederhole diese Achtsamkeitsübung eine Woche lang mindestens zwei Mal am Tag. Diese Übung dauert ja auch nicht lange und sie entfaltet ihre volle Wirkung nur bei mehrmaliger Wiederholung.

➔ Übung Nr. 47: Den Alltag unterbrechen und einfach innehalten

Die vorige Aufgabe handelte davon, sich seiner Gefühle und Gedanken bewusst zu werden und sie wahrzunehmen. Diese Übung hier ist dem recht ähnlich. Mit einer Ausnahme: Diesmal solltest du dich nicht an einen ruhigen Ort zurückziehen wo du ganz für dich alleine bist. Nein. Worum es heute geht, ist, bei ganz gewöhnlichen Tätigkeiten im Alltag innezuhalten und sich ganz auf sich und die eigenen Gefühle und Gedanken zu konzentrieren.

Diese Übung kannst du ruhig zwei oder dreimal (oder auch öfter) am Tag durchführen und flexibel in den Alltag einbauen. Besonders nützlich ist die Übung, wenn du sie in den unterschiedlichsten Situationen einsetzt. Zum Beispiel könntest du gleich in der Früh nach dem Aufstehen bewusst innehalten und dir deine Gefühle und Gedanken ins Bewusstsein rufen. Weitere Möglichkeiten wären der Weg zur Arbeit, im Büro während der Kaffeepause, in der Mittagspause oder einfach, wenn mal nichts zu tun ist zwischendurch. Vielleicht auch gerade weil so viel zu tun ist zwischendurch? Auch das kann enorm lohnenswert sein.

Um dir deine Gefühle und Gedanken ins Bewusstsein zu rufen, solltest du deine Aufmerksamkeit für einen kurzen Moment voll nach innen richten. Du musst also die Tätigkeit, der du gerade nachgehst, für einen Moment unterbrechen. Für einen kurzen Augenblick bist du nicht mehr eine handelnde, sondern eine beobachtende Person.

Unterbrich also irgendeine Alltagstätigkeit und frage dich, was du gerade fühlst.

Zu deinen Gefühlen gehört auch dein körperliches Empfinden. Wie geht es dir körperlich im Moment? Bist du womöglich verspannt?

Auch deine Gedanken kannst du hinterfragen: Welche Gedanken gingen dir gerade durch den Kopf?

Eine mögliche Zusatzaufgabe:

In einem ersten Schritt konntest du einfach nur wahrnehmen. Allein durch das Wahrnehmen und Akzeptieren von zum Beispiel Nervosität wird dieses Gefühl bereits ein wenig abgeschwächt. Sobald du aber im Erkennen und klarem Benennen von Gefühlen etwas Übung entwickelt hast, könntest du einen Schritt weitergehen und anfangen, schlechte Gefühle und Verspannungen zu hinterfragen. Wenn du beim Innehalten feststellst, dass du ein wenig nervös und verspannt bist, dann frage dich, was wohl der Grund dafür sein mag:

Warum fühlst du dich derzeit nervös? Was fehlt deinem Körper, damit er sich wohl fühlt? Was könntest du unternehmen, damit es dir wieder besser geht?

Ich weiß, diese Übung hört sich nach nichts Besonderem an, aber es ist ungeheuer lohnenswert, wenn man über seine Gefühle in den unterschiedlichsten Situationen Bescheid weiß – und womöglich auch noch den Grund benennen kann, warum man sich nun so fühlt wie man sich eben fühlt. Erst wenn man das Bewusstsein für seine Gefühle stärkt, hat man nämlich die Möglichkeit, sie zu beeinflussen und nicht einfach nur Sklave von ihnen zu sein.

➔ Übung Nr. 48: Die Körperwahrnehmung verbessern

Wann bist du das letzte Mal still da gesessen und hast auf deinen Körper gehört und dich somit ganz auf dich selbst konzentriert? Wann hast du zuletzt bewusst gefühlt, wo es Verspannungen in deinem Körper gibt und wo vielleicht sogar leichte Schmerzen und ein Unwohlsein auftreten?

Wenn du diese Frage nicht so recht beantworten kannst, dann bist du in bester Gesellschaft. Es steht nämlich sehr schlecht um die Körperwahrnehmung der meisten Menschen. Die meisten von uns hören leider überhaupt nicht mehr auf ihren Körper. Sie wissen gar nicht mehr, wie gut oder weniger gut es ihnen im Moment physisch geht.

Vor allem aber haben die meisten überhaupt keine Ahnung mehr davon, was ihnen im Moment gut täte und was sie lieber bleiben lassen sollten. Wir wissen da schon eher, wann unserem Auto irgendetwas fehlt bzw. wenn es komische Geräusche macht oder sich beim Lenken anders anfühlt als sonst. Hingegen nehmen wir selten wahr, wie es uns selbst geht und was uns im Moment gut tun würde.

Oder wieso essen so viele Leute Dinge, die ihrem Körper nicht guttun, sie fett und müde machen? Warum essen so viele jeden Tag um genau dieselbe Uhrzeit – ob sie nun Hunger haben oder nicht? Warum wissen so viele nicht, wann sie es beim Sport übertreiben und wie weit sie stattdessen gehen können?

Suche dir mal einen ungestörten Ort, schließe die Augen und frage dich, wo du im Moment verspannt bist. Durchkämme hierzu deinen ganzen Körper.

Beginne am besten mit dem Nacken. Ist dein Nacken verspannt? Oder dein Rücken? Schmerzen vielleicht einzelne Gelenke? Oder spürst du eine Verspannung in den Armen bzw. in den Beinen?

Wie fühlst du dich sonst? Bist du müde oder hellwach? Hast du vielleicht Durst? Oder hast du womöglich Hunger? Wie geht es deinem Magen?

Solltest du irgendwo verspannt sein, Schmerzen haben oder einfach nur ein Unwohlsein verspüren, dann konzentriere dich einen Moment lang genau auf diese Stelle deines Körpers. Spüre diesem Gefühl bewusst nach. Atme dabei ganz bewusst durch die Nase. Sage dir in Gedanken, dass dieses Gefühl in Ordnung ist. Gerade durch das Akzeptieren verschwindet das unangenehme Gefühl oft bereits von selbst.

Vielleicht fragst du dich jetzt, was Körperwahrnehmung mit unserem Selbstvertrauen zu tun hat? Das ist leicht erklärt: Wenn man seinen Körper besser kennt, dann vermittelt das eine gewisse Sicherheit. Zudem gibt es ein bekanntes Sprichwort, an dem allerhand Wahres dran ist:

„Ein gesunder Geist wohnt in einem gesunden Körper."

Wenn du die hier beschriebene Übung öfters machst, dann tust du damit deinem Körper etwas Gutes. Dies wirkt sich über kurz oder lang auf dein Gemüt und auf dein Selbstvertrauen aus. Es zahlt sich aus, hin und wieder ein paar Minuten deiner Zeit zu investieren und deine Körperwahrnehmung zu verbessern. Bevor du also zur nächsten Übung übergehst, solltest du diese Übung einige Male gemacht haben – und zwar zu möglichst unterschiedlichen Tageszeiten.

➔ Übung Nr. 49: Die 1-Minuten-Meditation

Wenn die meisten Menschen das Wort Meditation hören, dann rümpfen sie auch schon die Nase. Doch keine Angst: Ich bin selbst nicht der Superguru wenn es um Meditation geht und verbringe nicht stundenlang jeden Tag damit zu meditieren. Und um dich nicht zu überfordern und für den Anfang nicht zu viel deiner kostbaren Zeit in Anspruch zu nehmen, würde ich dir vorschlagen, mal die 1-Minuten-Meditation auszuprobieren. Denn die dauert – wie der Name schon sagt – genau eine Minute.

Das Schöne daran ist, dass du diese Meditation jederzeit – egal wo du dich gerade befindest – durchführen kannst. Du kannst sie zum Beispiel einsetzen, wenn du gerade großen Ärger in dich aufkommen spürst, wenn du gestresst bist oder gerade Selbstzweifel hast. Diese 1-Minuten-Meditation wird im Nullkommanichts für bessere Stimmung und mehr Gelassenheit sorgen.

Probier diese 1-Minuten-Meditation bitte sofort aus. Am besten schließt du dafür die Tür. Du musst dich für diese Art der Meditation nicht verrenken und auch in keine besondere Sitzposition gehen. Du kannst gerade auf deinem Stuhl sitzen bleiben, die Füße fest auf dem Boden.

Setz dich mit geradem Rücken hin – doch ohne dich zu sehr zu versteifen. Sei einfach locker dabei. Stell dir dabei vor, dass dein Hinterkopf etwas in die Höhe gezogen wird, damit dein Nacken gerade ist. Die Hände kannst du dabei so ablegen, dass es sich angenehm anfühlt. Du kannst sie also auf die Tischplatte oder auch auf deine Knie legen wenn du willst – je nachdem, was sich für dich besser anfühlt.

Konzentriere dich während dieser Minute voll und ganz auf deine Atmung – weiter nichts. Atme ganz natürlich. Versuche also nicht deine Atmung in irgendeiner Weise zu beeinflussen. Atme so wie sonst auch. Richte aber deine volle Aufmerksamkeit darauf (bzw. versuche zumindest, deine volle Aufmerksamkeit darauf zu richten).

Deine Gedanken werden vor allem beim ersten Mal schnell abgleiten. Doch das ist kein Problem. Es heißt nicht, dass du irgendetwas falsch machst. Akzeptiere einfach, dass deine Gedanken umhergewandert sind und konzentriere dich erneut auf deine Atmung. Atme ganz natürlich ein und aus und achte bewusst darauf.

Nun weißt du, wie es funktioniert. Führe diese kurze Meditation also jetzt aus. Stelle dazu den Timer auf deinem Handy auf 60 Sekunden, damit du weißt, wann die Minute zu Ende ist. Und los geht`s!

...

Wie fühlst du dich nach dieser kurzen Meditation? Du fühlst dich sicher etwas besser und geistig wacher als vorher – nicht wahr? Und das Schöne daran: Je öfter du diese 1-Minuten-Meditation machst, desto besser wird das Gefühl. Führe diese Übung also in den nächsten Tagen so oft wie möglich durch – egal ob du daheim bist, im Büro oder gerade im Zug sitzt.

Eine mögliche Zusatzaufgabe:

Vor allem Anfängern fällt das Meditieren oft sagenhaft schwer. Selbst bei höchster Konzentration passiert es immer wieder, dass die Gedanken alle paar Sekunden ganz woanders sind. Falls es dir auch so gehen sollte, dann probiere mal, deine Atemzüge zu zählen. Zähle also jedesmal im Geiste mit, wenn du ein- und ausatmest – und zwar so lange, bis die Minute vorüber ist. Dieses Zählen erleichtert meist die Konzentration erheblich.

➔ Übung Nr. 50: Eine meditative Atemübung

Diese Atemübung ist der 1-Minuten-Meditation sehr ähnlich. Auch sie dauert lediglich ein bis zwei Minuten und sorgt umgehend für bessere Laune und positiveres Denken im Alltag. Probier diese Atemübung einfach mal aus, vielleicht sagt sie dir ja zu.

Diese Übung kannst du ebenfalls im Sitzen absolvieren. Ich bevorzuge es allerdings, bei dieser Übung zu stehen. Wenn du das auch mal ausprobieren willst, dann stell dich so hin, dass zwischen deinen Füßen ein in etwa schulterbreiter Abstand besteht. Lege deine rechte Hand auf deinen Brustkorb und deine linke Hand über deinen Nabel.

Schließe nun die Augen und beginne durch die Nase einzuatmen. Zuerst stell dir vor, dass du nur über deinen Bauch einatmest – und zwar solange, bis du das Gefühl hast, dass du keine weitere Luft mehr einatmen kannst. Atme nun weitere Luft durch die Brust ein – solange, bis ebenfalls nichts mehr geht. Zum Schluss kannst du dir noch vorstellen, dass du zusätzliche Luft über die oberen Spitzen deiner Lungenflügel einatmest. Du wirst sehen: dadurch bringst du wirklich noch mal ein bisschen Luft in deine Lungen.

Nun atme ganz heftig und mit aller Kraft über den Mund aus – und zwar solange, bis du keine weitere Luft mehr ausatmen kannst. Hauche also beim Ausatmen die „letzte" Luft vollständig aus und atme erst dann wieder über die Nase ein. Wiederhole das Ganze zwischen acht und zwölf Mal. Du wirst sehen: Man fühlt sich danach einfach super gut!

➔ Übung Nr. 51: Eine Achtsamkeitsmeditation im Stehen

Nun sind wir bei der letzten Meditationsübung dieses Buches angelangt. Diesmal solltest du dir allerdings ein wenig länger Zeit nehmen. Fang am besten mit fünf Minuten an und steigere dich langsam auf 10 bis 15 Minuten.

Stell dich hierzu ganz entspannt hin und positioniere deine Füße in etwa schulterbreitem Abstand. Schließe nun die Augen und konzentriere dich diesmal nicht auf deine Atmung, sondern auf deine Fußsohlen – und zwar während der gesamten Meditation. Versuche als erstes dein Körpergewicht nach innen zu verlagern. Dies bedeutet konkret, dass die rechte Hälfte deines linken Fußes und die linke Hälfte deines rechten Fußes das gesamte Körpergewicht tragen sollen. Versuche diese Position einige Sekunden zu halten. Entspanne nun wieder und versuche dasselbe außen. Verlagere also dein Körpergewicht auf die äußere Hälfte deiner Fußsohlen. Halte diese Position ebenfalls wieder für einige Sekunden – deine Augen sind immer noch geschlossen und bleiben auch geschlossen.

Kippe als nächstes etwas nach vorne auf deine Zehen. Kippe soweit nach vorne bis du dein Gleichgewicht zu verlieren drohst. Suche genau jenen Punkt, an dem du gerade noch dein Gleichgewicht behalten kannst und halte diesen Punkt ebenfalls für einige Sekunden.

Zum Schluss sind die Fersen dran. Verlagere dein Körpergewicht nach hinten auf deine Fersen, sodass sich die Zehen ganz leicht vom Boden lösen. Versuche wiederum jenen Punkt zu finden, an dem du gerade noch dein Gleichgewicht bewahren kannst und halte diesen für einige Sekunden.

Entspanne dich nun und suche jenen Punkt, an dem du deine Fußsohlen komplett gleichmäßig belastest. Sobald du diesen Punkt gefunden hast, halte ihn – dieses Mal so lange, bis die Zeit abgelaufen ist, die du dir für die Meditation vorgenommen hast. Mach es dabei wie ich: Stell den Timer auf deinem Handy auf die gewünschte Anzahl an Minuten, die du für die Meditation aufwenden willst. Beginne mit 5 Minuten und steigere dich langsam auf mindestens 10.

Lass dir aber selbst dann noch etwas Zeit um wieder langsam aus deiner Meditation herauszugehen – und zwar sobald das Signal auf deinem Handy verrät, dass die Zeit abgelaufen ist. Atme hierzu ein paar Mal tief durch die Nase ein und wieder aus und gehe ganz bewusst einige Schritte zur Seite während du die Augen wieder öffnest.

Wie fühlst du dich dabei? Wenn es dir so geht wie mir, dann wohl ausgezeichnet ☺.

Eine mögliche Zusatzaufgabe:

Sobald sich diese Meditationsübung nach mehrmaliger Wiederholung gut für dich anfühlt, könntest du dich zusätzlich auf deine Atmung konzentrieren. Achte darauf, dass du durch die Nase ein- und ausatmest. Probiere die ersten paar Male nur durch den Bauch einzuatmen. Wenn dir das bereits gut gelingen sollte, dann konzentriere dich ein anderes Mal darauf, nur durch die Brust einzuatmen. Bemerkst du einen Unterschied? Was fühlt sich besser an?

Variiere auch ruhig die Standbreite. Wie fühlt es sich an, wenn deine Füße ganz nah beieinander stehen und der Abstand zwischen deinen Füßen nur etwa ein oder zwei Zentimeter ausmacht?

➔ Übung Nr. 52: Die Motive des inneren Kritikers / der inneren Kritikerin im Visier

Dieses Buch zielt darauf ab, dass du am Ende gelernt hast, dass du in Ordnung bist, so wie du bist – mit all deinen Stärken und Schwächen. Es soll dir vermitteln, dass du dich nicht verändern musst, um dich einzigartig und wertvoll zu fühlen. Denn du bist bereits einzigartig und wertvoll.

Doch leider gibt es eine innere Stimme in uns, die um jeden Preis verhindern möchte, dass wir uns so fühlen: unsere(n) innere(n) Kritiker(in). Diese innere Stimme sagt dir womöglich ständig, dass du unzulänglich, schwach und nicht besonders klug bist.

Doch warum tut uns das unser innerer Kritiker an?

Um das zu verstehen, müssen wir uns unsere Kindheit in Erinnerung rufen. Wie wir noch klein und verletzlich waren, waren wir nämlich auf unsere Eltern angewiesen. Wir wussten als kleines Kind instinktiv, dass wir ohne unsere Eltern verloren wären in dieser komplexen Welt. Also waren wir gezwungen, auf sie zu hören. Sie sagten uns was gut ist und was schlecht, was richtig und was falsch. Wir lernten dies und glaubten es immer mehr. Während dieser Zeit formte sich auch unser innerer Kritiker. Vorerst hatte dieser ausschließlich die Stimme unserer Eltern, wenn wir uns leise sagten, dass eine bestimmte Handlung falsch ist oder, dass wir etwas falsch gemacht haben, weil wir mal wieder zu dumm dafür waren.

Unser innerer Kritiker war der festen Überzeugung, dass die Regeln der Eltern unumstößlich und wahr sind. Und wieso auch nicht: Immerhin bedeutete ein Befolgen in jungen Jahren, dass wir einer Ablehnung bzw. Strafe durch unsere Eltern entgangen sind. (Bitte beachte dabei, dass du es nicht unbedingt deinen Eltern zu verdanken haben musst, dass du einen solch strengen inneren Kritiker hast. Vielleicht waren in deinem Fall eher andere Personen dafür verantwortlich. Die Eltern sind bloß der häufigste Grund, weshalb ich hier vor allem von ihnen spreche.)

Leider glaubt unser innerer Kritiker auch heute noch, dass diese Regeln Gültigkeit haben. Wenn wir bewusst eine Handlung setzen, die diesen Regeln zuwiderläuft, meldet er sich rasch zu Wort und verurteilt diese Handlung aufs Schärfste. Genauso wie die Eltern uns damals verbal bestraften, bestraft uns nun unser innerer Kritiker heute noch für unser „Fehlverhalten".

Das Blöde daran ist, dass unser innerer Kritiker als Erwachsener in den meisten Situationen nicht mehr viel Sinn macht. Er sorgt nur noch für negative Gefühle in uns und dafür, dass wir uns selbst nicht so recht akzeptieren können, wie wir sind. Wenn wir also nichts gegen den inneren Kritiker unternehmen, dann werden wir nie ein starkes Selbstvertrauen entwickeln können.

Jetzt, wo dir klar ist, warum dich so oft negative Gedanken plagen: Beschließe nun, etwas daran zu ändern. Nimm dir fest vor, dass du deinen inneren Kritiker zwar akzeptierst, ihn aber gleichzeitig in die Schranken weisen wirst.

Nimm dazu erneut dein Notizbuch zur Hand und widme dort ein paar Zeilen deinem inneren Kritiker: *Sag ihm (bzw. ihr – je nachdem wie du dir deinen inneren Kritiker vorstellst), dass du dich in Zukunft nicht mehr so stark von ihm beeinflussen lässt, da du eine einzigartige und liebenswerte Person bist. Es ist o.k. wenn du Unzulänglichkeiten hast, denn du hast ja auch viele starke Seiten. Sag ihm, dass du seine Meinung zwar akzeptierst, dass du aber auch nicht alles für bare Münze nimmst, was er so von sich gibt.*

Eine mögliche Zusatzaufgabe:

Da du nun ein paar Zeilen an deinen inneren Kritiker gerichtet hast, hast du ihn dir bereits als dritte Person – also unabhängig von dir selbst – vorgestellt. Dies gilt es noch zu intensivieren. Es ist nämlich wirklich sehr wichtig, dass du erkennst, dass dieser innere Kritiker in Wahrheit gar nicht DU bist. Du willst schließlich dein eigenes Leben leben. Doch dein innerer Kritiker kommt dir immer wieder mit den alten Argumenten daher, die du von deinen Eltern und sonstigen Bezugspersonen und Bekanntschaften vernommen hast. Ist doch blöd oder? Die sollen schließlich ihr Leben leben und du deins.

Schließe deshalb mal die Augen und stell dir den inneren Kritiker als eine bestimmte Person vor. Wie sieht dein innerer Kritiker aus? Stelle ihn so dar, wie du ihn siehst. Da er ständig für negative Stimmung sorgt, wird er wohl selbst griesgrämig dreinschauen und nicht gerade die Art von Person sein, mit der man gerne zusammen sein möchte. Vielleicht wird es also mal Zeit, dass du ihn etwas kritisierst. Stell dir vor, du sprichst mit deinem inneren Kritiker. Stell ihm doch mal die Frage, warum er so negativ ist – vielleicht sollte lieber er sein Verhalten überdenken und nicht du. Was antwortet er dir? Sag ihm, dass du es nicht gut findest, dass er dich ständig schlecht macht. Sag ihm, dass dies zu nichts führt und er dich nur davon abhält, Erfolg im Leben zu haben.

Wiederhole diese Übung einige Male innerhalb der nächsten Tage – so lange, bis sie sich richtig gut anfühlt und dein innerer Kritiker bereits etwas an Macht und Einfluss verloren hat.

➔ Übung Nr. 53: Die innere Teamsitzung

Geht es dir auch so, dass du dann und wann unterschiedliche innere Stimmen wahrnimmst? Besonders wenn du eine wichtige Entscheidung treffen sollst oder in wenigen Minuten einen Vortrag vor Publikum halten wirst und mal wieder hypernervös bist?

Keine Sorge: das ist vollkommen normal. Wir nehmen ständig unterschiedliche innere Stimmen wahr. Die einen sind uns wohlgesonnen und sorgen dafür, dass wir die Dinge anpacken und unsere Ziele im Leben erreichen. Die anderen hinterfragen ständig alles und bringen uns auf den Boden der Tatsachen zurück. Wieder andere bremsen uns aus und sorgen dafür, dass wir uns entmutigt fühlen und, dass mit der Zeit auch unser Selbstvertrauen darunter leidet.

Und genau das ist das Problem: Bei vielen von uns überwiegen ganz klar die negativen Stimmen. Stimmen, die uns klein halten und uns unseres Selbstvertrauens berauben. Und dagegen solltest du unbedingt etwas tun!

Das Blöde dabei ist, dass diese Prozesse in der Regel unbemerkt ablaufen. Wir hinterfragen diese inneren Stimmen fast nie. Doch genau das solltest du dir angewöhnen. Denn: Unser Wohlbefinden und langfristig auch unser Selbstvertrauen hängen zu einem guten Teil davon ab, inwieweit unsere inneren Stimmen eher positiv oder aber eher negativ sind. Sind deine inneren Stimmen meist negativer Natur, dann hast du ein Problem.

Doch um erstmal herauszufinden, wie dein inneres Team sich verhält und welche Stimmen immer wieder laut werden, musst du mal bewusst darauf achten. Lass also alle Mitglieder deines inneren Teams zu Wort kommen. Hör in dich hinein. Welche Stimmen gibt es da?

Ziehe dich mal für ein paar Minuten an einen Ort zurück, an dem dich niemand stört. Denke an irgendein Ereignis in der näheren Vergangenheit, in dem du dich hin und hergerissen gefühlt hast. Musstest du vielleicht kürzlich eine Entscheidung treffen, hast dir dabei aber richtig schwer getan? Dann könnten deine unterschiedlichen inneren Stimmen daran schuld sein. Womöglich hast du nicht jedem Teil in dir die ihm angedachte Aufmerksamkeit zuteil werden lassen. Vielleicht wusstest du aber auch, dass es eigentlich nur EINE richtige Entscheidung in einer bestimmten Sache geben kann – trotzdem hattest du ein schlechtes Gefühl und es kamen arge Selbstzweifel auf.

Schultz von Thun (welcher übrigens das Modell dieses inneren Teams ersonnen hat) empfiehlt, eine Art Ringrichter oder Oberhaupt zu visualisieren, welcher alle Meinungen anhört und die Teamsitzung koordiniert. Aufgabe dieses Oberhauptes ist es, zwar all diese Stimmen anzuhören und zu einem gewissen Grad auch ernst zu nehmen. Seine Aufgabe ist es aber genauso, gewisse negative Stimmen zu relativieren und ihnen ab einem bestimmten Punkt auch einfach mal das Wort zu verbieten.

Schlussendlich ist es auch Aufgabe des Oberhauptes dieser Teamsitzung, negative innere Anteile – wie zum Beispiel unseren inneren Kritiker – zu fragen, was denn zu tun wäre, damit dieser endlich zufriedengestellt ist. Womöglich lassen sich sogar Handlungen setzen, die alle Teammitglieder zufrieden stellen.

Eine mögliche Zusatzaufgabe:

Bemühe dich mindestens eine Woche lang, immer dann eine innere Teamsitzung einzuberufen, wenn du das Gefühl hast, dass du in einer bestimmten Situation wieder einmal hin und her gerissen bist und nicht weißt, wie du konkret handeln solltest. Stell dir deine inneren Anteile als reale Personen vor, die an einer solchen Teamsitzung teilnehmen. Und einer / eine führt den Vorsitz – das Oberhaupt.

Höre in einem ersten Schritt alle Argumente von all deinen inneren Anteilen an – und zwar ohne diese zu bewerten.

Hierzu musst du natürlich mal all deine inneren Anteile identifizieren. Gib ihnen Namen – beispielsweise könnten unter anderem ein Draufgänger, ein Stratege, ein Kritiker, ein Sparsamer und ein Ängstlicher an dieser Sitzung beteiligt sein.

Frage deine inneren Anteile sodann, was zu tun wäre, damit diese mit der Entscheidung zufrieden sind (und zwar jeden einzelnen). Sollten einige Stimmen darunter sein, die zutiefst negativ sind und auch nicht von ihrem Standpunkt abweichen, dann stell dir einfach vor, dass dein Oberhaupt ihnen das Wort verbietet bzw. sie von der Teamsitzung ausschließt und nur die verbleibenden Teammitglieder eine Entscheidung treffen.

Dies mag sich auf den ersten Blick alles komisch anhören. Doch es funktioniert wirklich! Wenn du solche inneren Teamsitzungen öfter machst, dann wirst du immer mehr erkennen, dass du es selbst in der Hand hast, wie du dich fühlst und ob du ständig Selbstzweifel hast oder nicht. Durch solche Teamsitzungen erreichst du mit der Zeit, dass du negative Gedanken sofort in Frage stellst und so Schritt für Schritt etwas für dein Selbstvertrauen tust. Zudem weiß man oft erst durch solche Teamsitzungen, was man wirklich erreichen will im Leben und welche Ziele es wert sind, verfolgt zu werden. Und dann erreicht man diese Ziele auch leichter, da man sie nicht ständig hinterfragt.

➔ Übung Nr. 54: Eine Strichliste zu negativen Gedanken führen

Wir alle haben von Zeit zu Zeit negative Gedanken. Das ist auch nicht weiter schlimm – solange sie nicht überhandnehmen. Doch wenn du dutzende Male am Tag negativ über dich und dein Umfeld denkst, dann solltest du etwas dagegen unternehmen. Als erstes gilt es, mal herauszufinden, wie oft am Tag sich destruktive Gedanken einschleichen.

Achte also die nächste Woche darauf, wie oft dein innerer Kritiker sich meldet. Notiere dir, wie oft am Tag er dich klein macht und an deinem Selbstvertrauen kratzt. Womöglich wirst du erstaunt sein, wie häufig das der Fall ist.

Am ersten Tag wird es dir noch schwer fallen, dich überhaupt dabei zu ertappen, wenn du mal wieder schlecht über dich denkst. Das ist wahrscheinlich schon so normal für dich geworden, dass dir dies in der Regel nicht mehr auffällt. Doch wenn du dich zwingst, genau darauf zu achten, dann wird dir dies immer öfter gelingen. Und dies ist die erste Bedingung dafür, um etwas an deinem negativen Denken zu ändern. Denn wie sollst du etwas ändern, das dir gar nicht auffällt? Nimm also eine Woche lang die Gedanken einfach nur wahr und führe eine Strichliste – nicht mehr und nicht weniger. (Womöglich wird es dich erschrecken, wie oft du negative Gedanken hast. Aber keine Angst – das ist normal. So geht es fast allen.)

➔ Übung Nr. 55: Negative Gedanken klar benennen

Nachdem du eine Woche lang trainiert hast, deine negativen Gedanken wahrzunehmen, ist es nun an der Zeit, sich näher mit ihnen zu beschäftigen. Notier dir zu diesem Zweck eine weitere Woche lang den genauen Wortlaut dieser negativen Gedanken. Da du im Erkennen ja bereits etwas Übung hast, wird dir diese zusätzliche Aufgabe sicher nicht allzu schwer fallen ☺.

Nimm also eine weitere Woche deine negativen Gedanken wahr, versuch sie zu benennen – also den Inhalt deiner negativen Gedanken zu erfassen – und sie dir zu merken bis du sie schlussendlich zu Papier bringst. Besser wäre es sogar, deine negativen Gedanken wenn möglich sofort nach ihrem Auftreten zu notieren, damit du auch keine von ihnen vergisst.

Wenn du sie nicht nur wahrnimmst, sondern auch in deinem Notizbuch notierst, dann wird dir erst so richtig bewusst, was dir dein innerer Kritiker Tag für Tag so alles einredet. Das mag dich vielleicht schockieren, aber dieser Aufwand ist notwendig, um eine nachhaltige Änderung herbeiführen zu können.

Oft führt dieses Aufschreiben bereits dazu, dass diese negativen Gedanken immer mehr verschwinden, weil man sie sodann instinktiv vermeidet. Man will sich schließlich nicht selbst im Weg stehen und sich durch ständige negative Gedanken und Selbstzweifel ausbremsen. Durch das Aufschreiben wird uns das wahre Ausmaß erst bewusst und wir steuern somit bereits ein bisschen entgegen.

Sollte du dahingehend schon jetzt mehr tun wollen, um endlich damit aufzuhören, negative Gedanken zu produzieren, dann spring gleich zur Übung Nr. 65 und hinterfrage bewusst deine täglichen Gedanken.

➔ Übung Nr. 56: Das Protokoll zu meinen Gefühlen

Häufig führen bestimmte Tätigkeiten, Situationen und Handlungen immer wieder zu denselben Gefühlen – doch wir sind uns längst nicht mehr darüber bewusst, da wir nie darauf achten. Durch das Führen eines Protokolls zu deinen Gefühlen kannst du aber herausfinden, was dir gut tut und was somit auch dein Selbstvertrauen und deine Lebenszufriedenheit stärkt. Umgekehrt lernst du, Situationen, Handlungen und Menschen zu meiden, die dir nicht gut tun und womöglich sogar deinem Selbstvertrauen Schaden zufügen.

Ich schlage daher vor, dass du mal einen Monat lang Protokoll führst über deine Gefühle. Nimm am Ende jeder Woche deine Notizen zur Hand und schau, ob es immer wiederkehrende Parallelen in deinem Gefühlsleben gibt:

Wann hast du dich gut gefühlt und wann weniger gut?

Was könnte der Grund dafür gewesen sein?

Mit welchen Menschen warst du zu diesem Zeitpunkt zusammen? Oder warst du allein?

Welcher Tätigkeit bist du gerade nachgegangen?

Wie spät war es zu diesem Zeitpunkt?

Wo warst du in diesem Moment? Daheim? In der Arbeit?

Was hast du an diesem Tag sonst noch gemacht?

Dieses Protokollieren befähigt dich dazu, mit der Zeit genau zu wissen, was alles deine Zufriedenheit fördert und was nicht. Wenn du daraus Konsequenzen ziehst, dann legst du den Grundstein für ein zufriedenes und selbstbestimmtes Leben.

Doch Achtung: Das Resultat dieser Übung soll nicht sein, dass du in Zukunft alles Unangenehme in deinem Leben meidest. Du solltest unterscheiden zwischen Dingen, die zwar momentan etwas unangenehm sind, dich aber deinen Zielen näher bringen, und solchen Dingen, die ebenso unangenehm sind und dich zugleich keinen Deut voranbringen. Nur letztgenannte Dinge solltest du meiden! Die anderen hingegen nicht.

P.S.: Anregungen für Tätigkeiten, die zwar im Moment unangenehm sind, deinem Selbstvertrauen jedoch gut tun, findest du in Kapitel 7 ab Seite 126.

➔ Übung Nr. 57: Pilgern um sich selbst besser kennenzulernen

Pilgern kommt immer mehr in Mode. Doch die wenigsten pilgern aus religiösen Gründen. So zeigte eine Studie aus dem Jahre 2010, dass lediglich 23 Prozent den Pilgerweg aus religiösen Motiven heraus beschreiten. Der Rest nennt vor allem als Grund, zu sich selbst finden zu wollen bzw. aus dem trüben Alltag ausbrechen zu wollen.

Der Erfolg gibt ihnen auf jeden Fall Recht. Befragungen zeigen nämlich, dass die Pilgerreise einen stark positiven Einfluss auf das psychische Wohlbefinden und damit auch auf das Selbstvertrauen hat. Zudem berichten viele Personen, dass sie nach einer solchen Pilgerreise besser imstande sind tiefe Beziehungen zu anderen Menschen zu führen und außerdem den Wunsch verspüren, einen positiven Beitrag zum gesellschaftlichen Zusammenleben zu leisten. Somit verbessert das Pilgern das eigene Wohlbefinden und es wirkt stark sinnstiftend. Das sind doch wunderbare Gründe um sich selbst auf eine Pilgerreise zu begeben, oder etwa nicht?

Und übrigens: Alleine zu sein und niemanden zu finden, der sich ebenfalls auf einen Pilgerweg begeben möchte, ist keine Ausrede um sich nicht auf Wanderschaft zu begeben. Denn etwa die Hälfte aller Pilger wandert alleine und eben nicht in Begleitung. Viele ziehen das sogar vor, da sie sich dann besser auf sich selbst konzentrieren und endlich zur Ruhe kommen können.

Wie wär`s also: *Nimm dir ein paar Tage frei und begib dich auf eine Wanderschaft. Du musst ja beim ersten Mal nicht gleich alles übertreiben und monatelang quer durch die ganze Welt pilgern.*

➔ Übung Nr. 58: Ein Tag ohne Erwartungen

Weißt du, was uns in Wahrheit unzufrieden macht? Es sind unsere Erwartungen, die sich am Ende doch nicht bewahrheiten.

In vielen Regionen in Afrika ist es üblich, dass ein Bus, der laut Fahrplan um 10 Uhr bereits abfahren sollte, um 11 Uhr erst eintrifft. Wenn du als Europäer pünktlich um 10 dort auf den Bus wartest, dann tust du dies für mindestens eine Stunde lang – und zwar allein. Denn niemand der Bewohner dort rechnet damit, dass der Bus um 10 Uhr bereits da ist. Doch wenn du nun glaubst, dass der Bus um 11 abfährt, dann irrst du dich erneut. Zwischen 11 und 12 Uhr treffen die ersten einheimischen

Fahrgäste ein. Mit viel Glück fährt der Bus irgendwann um 13 Uhr los. Die Menschen sind aber keineswegs darüber verärgert. Sie erwarten es nämlich nicht anders.

Wir Europäer sind hingegen schon sauer, wenn der Autofahrer vor uns übersieht, dass die Ampel bereits auf Grün ist und hupen wie verrückt, wenn sich sein Auto innerhalb von drei Sekunden nicht bewegen sollte. Wenn der Fahrer des Autos vor uns vor lauter Schreck auch noch den Motor abwürgt, dann ist der Wutausbruch perfekt.

Und die Moral von der Geschichte? Erwarte nicht ständig, dass alles perfekt nach Plan verläuft. Das Leben ist unvorhersehbar. Denn andere scheren sich keinen Deut um unsere Erwartungen. Sie tun das, was sie wollen (bzw. ihrer Meinung nach tun sollten). Du tust es im Übrigen ja auch. Doch bei anderen regst du dich fürchterlich darüber auf. Irgendwie verrückt, oder?

Wie wär`s also mal mit folgendem Experiment: Lebe einen Tag lang ohne Erwartungen. Bemühe dich, mal einen Tag lang keine Erwartungen dahingehend zu haben, was andere Menschen tun sollen, wie der Tag so ablaufen wird, wie freundlich die Verkäufer im Supermarkt sein sollen, ob der Bus pünktlich eintrifft oder dein Computer so funktioniert, wie du es dir vorstellst.

Wenn du dich während dieses Tages mal dabei ertappen solltest, dass du dich über irgendetwas oder irgendjemand ärgerst, dann ruf dir sofort ins Gedächtnis, dass dies nur an deinen Erwartungen liegt, du dir aber für heute vorgenommen hast, keine Erwartungen zu haben. Und schon verfliegt in der Regel dieser Ärger wieder. Mach dieses Experiment gleich morgen. Bemühe dich, 24 Stunden lang keinerlei Erwartungen zu haben! Glaubst du, es wird dir gelingen?

➔ Übung Nr. 59: Mein bisheriges Fazit

Da wir in diesem Buch bereits ziemlich weit fortgeschritten sind, sollte dein Selbstvertrauen bereits deutlich stärker sein als zu Beginn. Doch das ist natürlich noch lange kein Grund um dich auf deinen Lorbeeren auszuruhen. Im Gegenteil, jetzt fängst du erst so richtig an, da du das bisher Erreichte erst noch festigen musst.

Geh deshalb mal die bisherigen Übungen im Geiste durch: *Wie ist es dir bei den einzelnen Übungen so ergangen? Bei welchen Übungen hast du dir leicht getan? Welche haben dir Spaß gemacht? Bei welchen Übungen hast du dir ziemlich schwer getan, weil sie sehr ungewohnt oder gar unangenehm waren? Welche Lehren ziehst du daraus?*

Betrachte auch dein Leben seit dem Moment, als du dieses Buch zur Hand genommen und damit begonnen hast, die Übungen darin zu machen:

In welchen Situationen fühlst du dich heute sicherer als noch vor ein paar Monaten? Wo genau legst du größeres Selbstvertrauen an den Tag und wie äußert sich das? Haben womöglich deine Mitmenschen bereits Bemerkungen in diese Richtung gemacht? Ist ihnen aufgefallen, dass du dich verändert hast?

Und andererseits: *Welche Situationen gibt es noch immer, bei denen du unsicher und nicht sonderlich zufrieden mit dir bist? Wo zeigst du noch immer nicht das Selbstvertrauen, das du dir eigentlich wünschen würdest an den Tag zu legen? Was ist deiner Meinung nach der Grund dafür, dass du in der jeweiligen Situation immer noch unsicher bist? Was kannst du tun, damit dies besser wird?*

Beachte dabei eines: Es ist ganz normal, dass die Entwicklung deines Selbstvertrauens nicht linear voranschreitet. Es treten immer wieder Phasen der Stagnation auf. Es kann auch sein, dass es hin und wieder sogar zu Rückschlägen kommt und du Selbstzweifel bekommst. Lass dich dadurch nicht aus der Ruhe bringen und mach einfach weiter. Wenn du dranbleibst, dann wirst du schon bald wieder Fortschritte machen.

Eine mögliche Zusatzaufgabe:

Aufbauend auf den Antworten zu diesen hier gestellten Fragen könntest du einige der bisherigen Übungen wiederholen. Ich würde dir vor allem empfehlen, jene Übungen erneut zu bearbeiten, welche dir schwer gefallen sind – auch wenn das natürlich unangenehm ist. Denn es hat einen Grund, warum manche dieser Übungen Überwindung kosten. Gerade diese fokussieren oft auf ein Defizit deinerseits, das du auflösen solltest. Die Übungen, die dir schwer fallen, sind also oftmals diejenigen, die dich am meisten in deiner Entwicklung voranbringen. Wähle zum Beispiel die Top 3 der unangenehmsten Übungen aus und wiederhole sie noch heute bzw. innerhalb der nächsten Tage.

➔ Übung Nr. 60: Eigener Vorurteile bewusst werden

Wenn du einem anderen Menschen begegnest, dann bildest du dir binnen Sekunden eine Meinung über ihn – und das, obwohl du diesem Menschen zuvor noch nie begegnet bist. Du glaubst aber dennoch genau zu wissen, dass es ein friedliebender oder aber ein streitsüchtiger Mensch ist, ob er sympathisch ist oder nicht und ob er dir freundlich gesonnen ist. Dabei kannst du das nach wenigen Sekunden überhaupt nicht wissen.

Der Grund, warum wir uns in Sekundenschnelle eine Meinung über andere bilden, sind unsere Vorurteile. Unter anderem entstehen solche Vorurteile aufgrund von bisherigen Erfahrungen, die wir in unserem Leben gemacht haben. Doch das Problem dabei ist, dass diese Lehren, die wir aus bisherigen Erfahrungen gezogen haben, in der jetzigen Situation überhaupt nicht zutreffen müssen. Deshalb glaube ich, dass du deine vorgefassten Meinungen gegenüber anderen von Zeit zu Zeit hinterfragen solltest.

Wie wäre es also mal damit:

Konzentriere dich eine Woche lang darauf, genau Acht zu geben, ob du wieder einmal eine andere Person um dich herum vorschnell aburteilst. Beobachte die jeweilige Person ganz genau und suche nach Verhaltensweisen, die deine Vorurteile eventuell widerlegen könnten. Frage dich, warum deine vorgefassten Meinungen in diesem Fall nicht stimmen müssen. Findest du Gegenbeweise? Ich denke, dass man diese fast immer finden kann. Doch probiere es einfach mal aus und urteile selbst.

Du fragst dich vielleicht, was das für dein Selbstvertrauen bringen soll, wenn du deine Vorurteile anderen gegenüber hinterfragst. Ich will`s dir kurz erklären: Wenn du dir angewöhnst, deine vorgefassten Meinungen anderen gegenüber regelmäßig zu hinterfragen und sie auf ihre

Richtigkeit hin überprüfst, dann nimmst du dich auch selbst anders wahr und beginnst automatisch, deine vorgefassten Meinungen über dich selbst zu hinterfragen. Du gehst dann viel offener durch die Welt und beginnst dich in Dingen zu versuchen, an die du dich vorher nicht herangetraut hast, weil du es dir früher nie zugetraut hättest. Mit einem Mal scheint es aber möglich zu sein, dass du Erfolg haben kannst, da ja deine Meinung über dich selbst nicht stimmen muss.

Fang noch heute damit an, in einem ersten Schritt deine Meinungen anderen Personen gegenüber zu hinterfragen. Die nächsten Übungen handeln sodann von deinen Glaubenssätzen, die du über dich selbst hast.

➔ Übung Nr. 61: Negativen Glaubenssätzen auf die Spur kommen (1)

Glaubenssätze sind kurz gesagt unsere Überzeugungen, die auf inneren Denkprozessen sowie auf Erfahrungen beruhen. Wir alle verfügen über solche Glaubenssätze. Die einen sind positiv und unterstützen uns darin, unsere Ziele im Leben zu erreichen. Andere Glaubenssätze wiederum sind zutiefst negativ und hindern uns daran, an unserem Leben etwas zu ändern und uns weiterzuentwickeln. Zudem wirken sie sich unter Umständen negativ auf unsere Selbstakzeptanz und in weiterer Folge auch negativ auf unser Selbstvertrauen und auf unsere Zufriedenheit aus.

Wenn man sich anschaut, wie Glaubenssätze entstehen, dann erkennt man schnell, dass diese nicht unbedingt der Realität entsprechen müssen. Es kann sich nämlich einerseits um langjährige Erfahrungen handeln, die sich immer wieder wiederholt haben. Allerdings können Glaubenssätze auch auf einer einzelnen besonders eindrücklichen Erfahrung beruhen – einer Erfahrung, die so stark war, dass sie ohne weitere Wiederholung deine Überzeugungen in Bezug auf dich selbst grundlegend verändert hat. Und noch schlimmer: Die Erfahrung muss nicht mal von dir selbst stammen. Manchmal übernehmen wir die Meinung von anderen und glauben dann, es sei unsere eigene.

Vor allem diese genannten Punkte zeigen, dass wir unsere existierenden Glaubenssätze unbedingt hinterfragen sollten. Nur weil du einmal eine negative Erfahrung gemacht oder die Meinung eines anderen übernommen hast, sollen dich diese Überzeugungen bis an dein Lebensende an der Erreichung deiner Ziele hindern und auf ewig dein Selbstvertrauen klein halten? Das klingt nicht sehr logisch.

Gegen negative Glaubenssätze solltest du deshalb unbedingt etwas unternehmen. Als erstes musst du sie dir bewusst machen und beginnen, sie zu hinterfragen. Dazu habe ich die folgende Übung für dich:

Beleuchte die Säulen deines Lebens:

Als erste Übung zur Hinterfragung deiner Glaubenssätze könntest du deine wichtigsten Lebensbereiche nach solchen Denkmustern absuchen. Wenn wir nämlich Ziele nicht und nicht erreichen – und das vielleicht schon seit Jahren – dann könnte das auf negative Glaubenssätze hindeuten, die uns unbewusst blockieren. Vor allem trifft dies dann zu, wenn wir ein bestimmtes Ziel von ganzem Herzen erreichen möchten, und uns dies dennoch nicht gelingt.

Vielleicht versuchst du schon jahrelang, dein Einkommen zu steigern und endlich aus deinen Geldnöten auszubrechen. Doch es gelingt dir nicht, obwohl du schon Vieles probiert hast. Ein Grund könnte sein, dass du glaubst, dass andere viel besser sind als du und du in deinem Beruf einfach nicht gut genug bist, um eine Gehaltserhöhung zu verdienen.

Umfangreiche Forschungsarbeiten haben zum Beispiel ergeben, dass die Beschaffenheit mancher Situationen beträchtlich durch die eigenen Überzeugungen und Erwartungen verändert werden können. Solche sich selbst erfüllenden Prophezeiungen sind Vorhersagen über ein zukünftiges Ereignis, welche die eigenen Handlungen so verändern, dass am Ende genau das herauskommt, was man erwartet hat. Wenn man also glaubt, dass man eine Gehaltserhöhung aufgrund mangelnder Fähigkeiten nicht verdient, dann wird man auch dementsprechend handeln und sich eben nicht weiterbilden. Am Ende tritt genau das ein, was man sich erwartet hat: Man wird bei der nächsten Gelegenheit erneut ignoriert. Jemand anderes allerdings, der glaubt, dies locker erreichen zu können, wenn er sich nur genug anstrengt, wird dies am Ende eben wegen seiner Bemühungen erreichen. Ob du also glaubst du schaffst es, oder ob du glaubst, du schaffst es nicht: du hast immer Recht.

Klappere also mal einzelne Bereiche deines Lebens ab: *In welchen Bereichen konntest du deine Ziele bisher nicht erreichen – egal wie sehr du dich auch damit abgemüht hast?*

Gesundheit, Körper und Psyche:

Bist du nach eigenem Empfinden zu dick? Du wünscht dir schon jahrelang abzunehmen, hast dies aber nie geschafft? Kämpfst du gleichzeitig schon dein Leben lang mit einem schwachen Selbstvertrauen? Womöglich könntest du negative Glaubenssätze entwickelt haben, die deinem Ziel abzunehmen, spontaner oder lebensbejahender zu sein im Weg stehen.

Schreibe jetzt in dein Notizbuch, was für einen Grund dies in deinem konkreten Fall haben könnte. Was kommt dir spontan in den Sinn? Welche Glaubenssätze könnten dich daran hindern, deine Ziele in diesem Bereich deines Lebens zu erreichen?

Soziale Beziehungen:

Hattest du noch nie eine längere harmonische Beziehung (obwohl du dich schon lange nach einer solchen sehnst)? Hast du Probleme damit, einen Partner / eine Partnerin zu finden? Hast du keinen guten Draht zu deinen Kollegen am Arbeitsplatz?

Wenn irgendetwas davon auf dich zutrifft, solltest du dich mal fragen, warum das so ist. Hast du auch hier vielleicht bestimmte Denkmuster, die dich in deiner Entwicklung beeinträchtigen? Schreibe alles auf, was dir spontan zu Problemen in Bezug auf soziale Beziehungen einfällt. Welche negativen Denkgewohnheiten könntest du haben, die dich immer wieder behindern?

Arbeit und Leistung:

Verkaufst du dich in deiner Arbeit unter deinem Wert? Wirst du von deinem Chef nicht wirklich ernst genommen? An der Uni fällst du regelmäßig bei Prüfungen durch, obwohl du fleißig gelernt hast?

Auch damit haben viele von uns zu kämpfen. Meist ist auch hier der Grund, dass wir negativ über uns denken und uns nichts zutrauen. Fühle in dich hinein: Welcher Glaubenssatz führt dazu, dass du in deiner Karriere nicht vorankommst – egal wie sehr du dich auch anstrengst?

Materieller Besitz und Einkommen:

Bist du ständig in Geldnot? Du bist bei der letzten Gehaltsverhandlung wieder einmal leer ausgegangen? Der Grund könnte zum Beispiel sein, dass du schlecht über Geld denkst. Vielleicht glaubst du, dass alle um dich herum neidisch auf dich werden könnten, wenn du mehr besitzt als sie. Trifft dies unter Umständen auf dich zu? Oder glaubst du, dass du für ein hohes Einkommen Tag und Nacht schuften müsstest und du keine Zeit mehr für die angenehmen Dinge im Leben hättest?

...

Schau dir erstmal an, in welchen Bereichen du nicht zufrieden bist. Meist hat man dort negative Glaubenssätze, die den Erfolg verhindern. Es ist schon mal ein guter erster Schritt, wenn dir das bewusst wird.

Mach die Übung wie immer schriftlich. Gehe alle vier genannten Bereiche durch und hinterfrage vor allem, wie zufrieden du in diesen Bereichen bist: *Was könnte der Grund sein, warum du dieses und jenes noch nicht erreicht hast? Welche falschen Glaubenssätze könnten dich daran gehindert haben?*

Lass dir Zeit für diese Fragen. Es bietet sich auch an, die Übung an einem anderen Tag zu wiederholen. Möglicherweise erhältst du dadurch weitere Einsichten.

➔ Übung Nr. 62: Negativen Glaubenssätzen auf die Spur kommen (2)

Nachfolgend habe ich eine Liste mit möglichen Glaubenssätzen bereitgestellt. Es handelt sich dabei um typische Denkmuster, die uns davon abhalten können, unsere Ziele im Leben zu erreichen. Außerdem verhindern diese Denkmuster, dass wir uns selbst etwas zutrauen und ein zufriedenes Leben führen können.

Beurteile also, ob du ebenfalls solche Glaubenssätze hast. Achte dabei auf dein Gefühl. Könnte die eine oder andere Überzeugung auf dich zutreffen? Wenn ja, dann notiere jene Glaubenssätze in deinem Notizbuch, die sich als wahr erweisen könnten:

Schuster, bleib bei deinen Leisten.

Nur wenn ich den ganzen Tag fleißig bin, werde ich von meinen Mitmenschen anerkannt.

Ich werde nur dann respektiert, wenn ich die Erwartungen meiner Familie / von Freunden / von meinem Chef erfülle.

Wenn ich die Erwartungen meines Partners / meiner Partnerin nicht erfülle, dann werde ich nicht geliebt.

Gut wird etwas nur dann erledigt, wenn man es selbst macht.

Geld verdirbt den Charakter.

Wenn ich erfolgreich bin, dann erzeugt das Neid.

Viele Menschen in meiner Umgebung wollen mir nur Schlechtes.

Man arbeitet nur um zu überleben. Arbeit ist Arbeit, weiter nichts.

Wenn ich keinen angesehenen Job habe, dann halten mich alle für einen Verlierer.

Befördert werden immer nur die anderen. Ich werde jedes Mal übergangen.

Ich bin vollkommen unsportlich.

Um abzunehmen muss man stundenlang trainieren und strengste Diät halten, sonst funktioniert es nicht.

Ich nehme sowieso nicht ab – egal was ich auch tue.

Frauen / Männer beachten mich gar nicht. Ich schau halt nicht besonders gut aus.

Männer / Frauen können nicht treu sein.

Man kann keinem Mann / keiner Frau trauen.

Wenn ich vor einer Gruppe von Leuten spreche, dann bekomme ich keinen Ton heraus.

XY ist viel besser als ich, deshalb werde ich nie so erfolgreich sein können wie er / sie.

Sodann frage dich, welche dieser Glaubenssätze du auf jeden Fall ändern willst. Wo liegen also deine Prioritäten? Das hängt natürlich von deinen zuvor definierten Zielen ab (siehe Übung Nr. 44).

Doch Achtung:

Beschränke dich auf einen einzigen Glaubenssatz! Versuche nicht, mehrere Denkmuster zur selben Zeit zu verändern, denn das führt unweigerlich zur Verzettelung und ist damit zum Scheitern verurteilt. Erst wenn du diesen einen Glaubenssatz hinterfragt und verändert hast, solltest du den nächsten in Angriff nehmen.

Wie das mit der Änderung von Glaubenssätzen konkret funktioniert, zeige ich dir in der folgenden Übung …

Kapitel 6

...

Die mentale Umprogrammierung

Nicht selten tritt genau das ein, was wir uns Tag für Tag einzureden versuchen. Oder lass es mich mit den Worten von Henry Ford ausdrücken:

„Ob du glaubst, du schaffst es oder ob du glaubst, du schaffst es nicht, du hast auf jeden Fall Recht.“

Wenn du also der Ansicht bist, dass du unzulänglich, schwach und erfolglos bist, dann wirst du dich dementsprechend verhalten.

Wenn du hingegen positiv über dich denkst, dann wirst du auch viel eher Positives in dein Leben ziehen – eben weil du bewusst danach Ausschau hältst und viel motivierter ans Werk gehst.

Vielleicht wird es also Zeit für eine mentale Umprogrammierung …

☺

➔ Übung Nr. 63: Negative Glaubenssätze ändern

In den beiden letzten Übungen des vorigen Kapitels ging es darum, deine Glaubenssätze zu hinterfragen. Wenn du dich damit noch nicht auseinandergesetzt haben solltest, dann hol dies bitte nach. Ansonsten gestaltet sich die Ausführung dieser Übung hier als schwierig.

Wie schon gesagt heißt es nicht, dass es der Wahrheit entsprechen muss, wenn du etwas bloß glaubst und der Überzeugung bist, dass du so und nicht anders bist. Sehr oft haben wir Glaubenssätze aufgrund einer einzigen eindrücklichen Erfahrung entwickelt, beziehungsweise haben diese von unseren Eltern und Lehrern in unserer Kindheit anerzogen bekommen. Dies hat dann unsere ganze Einstellung und unseren Erfolg bzw. Misserfolg in hohem Maße beeinflusst. Wir haben das Ganze jedoch nie hinterfragt.

Doch damit ist jetzt Schluss! Heute verrate ich dir 6 Schritte, wie du negative Glaubenssätze nach und nach wieder loswerden kannst:

Schritt 1: Konzentriere dich auf *einen* zu verändernden Glaubenssatz

Schau dir nun die Glaubenssätze an, die du in den letzten beiden Übungen notiert hast. Frage dich, welchen du als erstes verändern möchtest. Konzentriere dich erstmal nur auf diesen einen Glaubenssatz – nicht auf zwei oder drei. Setze also klare Prioritäten. Es ist besser erstmal nur einen zu ändern als gar keinen. Denn oftmals nehmen wir uns viel zu viel vor und werfen dann entnervt das Handtuch.

Zum Beispiel könntest du der tiefen Überzeugung sein, dass du sowieso nicht abnimmst – egal was du auch dafür tust. Schließlich bist du schon seit deiner Kindheit dick. Es muss demnach irgendetwas mit deinen Genen oder deinem Stoffwechsel nicht in Ordnung sein. Zumindest denkst du, dass dies der Fall sein muss.

Schritt 2: Zweifle den Glaubenssatz an

Mach dir nun klar, dass dein bisheriges Denkmuster nicht der Wahrheit entsprechen muss. Was ist schon wahr auf dieser Welt? Sind nicht alles nur Interpretationen? Ist nicht sowieso alles subjektiv auf dieser Welt? Der eine beurteilt einen Sachverhalt so, ein anderer völlig anders. Also ist auch dein Glaubenssatz subjektiv!

Notiere deshalb mindestens drei Gründe, warum dein Glaubenssatz falsch sein könnte. Wieso muss nicht stimmen, was du über dich, über andere und die Welt denkst?

Wenn es um die Überzeugung geht, dass du sowieso nicht abnehmen kannst, dann wäre ein solcher Grund für die Falschheit des Glaubenssatzes, dass bereits viele andere vor dir es geschafft haben, abzunehmen. Manche von denen waren sogar noch viel dicker als du. Ein weiterer Grund könnte sein, dass du dich aufgrund deiner Einstellung, dass es sowieso nichts wird mit dem Abnehmen, auch nicht sonderlich um deine Ernährung gekümmert hast. Womöglich stopfst du zu viel fettes Zeug den lieben langen Tag in dich hinein. Du könntest zum Beispiel mal den Versuch starten, ein paar Tage lang alles aufzuschreiben, was du so über den Tag verteilt zu dir nimmst. Könnte vielleicht das der Grund sein, warum du nicht abnimmst? Ein dritter möglicher Grund könnte sein, dass du es bisher nie lange mit dem Sportmachen ausgehalten hast. Meist hast du dir zu Neujahr den Vorsatz gesetzt und ihn zwei Wochen später wieder verworfen. Womöglich zeigt Sport aber erst dann Wirkung, wenn man länger durchhält.

Schritt 3: Notiere, wie er anders lauten sollte

Notiere als nächstes, wie dein Glaubenssatz anders – nämlich positiver – lauten sollte. Wie sollte er lauten, damit du dich besser fühlst, dich als wertvoller wahrnimmst und deine persönlichen Ziele in Zukunft leichter erreichen kannst als bisher?

Notiere auch jetzt wieder mindestens drei Gründe, warum dieser neue Glaubenssatz wahr sein könnte. Welche Erfahrungen hast du in der Vergangenheit gemacht, die diesen Glaubenssatz bestätigen könnten?

Um bei unserem Beispiel zu bleiben, könnte dein neuer Glaubenssatz lauten, dass du sehr wohl abnehmen kannst, wenn du dauerhaft deine Essgewohnheiten änderst und damit beginnst, regelmäßig – also sagen wir mal dreimal die Woche – Sport zu treiben. Womöglich hast du früher schon mal etwas abgenommen, als du versucht hast, dich anders zu ernähren und Sport zu machen. Nur hast du damals eben nicht durchgehalten. Vielleicht hat dein Partner munter weitergegessen und du hast es deshalb nicht lange damit ausgehalten. Womöglich kannst du ihn / sie dieses Mal davon überzeugen, mitzuziehen?

Schlussendlich muss der Glaubenssatz auch deshalb wahr sein, weil es ganz einfach einen Unterschied machen muss, ob du nun 4.000 oder nur 2.000 Kalorien am Tag futterst. Und eine halbe Stunde am Fahrradergometer verbrennt wohl auch mehr Kalorien als dieselbe Zeit vorm Fernseher zu sitzen. Dein neuer Glaubenssatz muss also richtig sein. Nicht wahr?

Schritt 4: Mögliche Gründe verstehen

Frage dich nun, warum du diesen negativen Glaubenssatz überhaupt entwickelt hast. Welche Entwicklungen und Begebenheiten haben in der Vergangenheit dazu geführt? Hat es vielleicht mit der Erziehung deiner Eltern zu tun? Hat es mit deinen früheren Lehrern zu tun? Oder mit deinen Mitschülern von damals? Haben dich vielleicht frühere Beziehungen geprägt?

Notiere mögliche Gründe, warum sich eine bestimmte Person (oder auch mehrere Personen) darin geirrt hat. Warum kann diese Person gar nicht wirklich beurteilen, wie du in Wahrheit bist? Warum könnte diese Person ein falsches Bild von dir haben?

Einen möglichen Grund für die Entwicklung des Glaubenssatzes nicht abnehmen zu können habe ich bereits angesprochen: Du warst womöglich schon als Kind dicker als andere und glaubst deshalb, dass es etwas mit den Genen beziehungsweise mit deinem Stoffwechsel zu tun haben könnte. Doch du weißt nun, dass das nicht stimmen kann, denn du hast ja in der Vergangenheit schon mal abgenommen – wenn auch nur für kurze Zeit. Außerdem gibt es wie du gehört hast, auch Maßnahmen, um den Stoffwechsel anzuregen. Bei näherem Nachdenken kommst du dahinter, dass auch die früheren Hänseleien deiner Mitschüler dafür verantwortlich sein könnten, dass du jetzt immer noch so dick bist. Jedes Mal wenn du dem Hohn ausgesetzt warst, hast du noch ein paar Pfund zugelegt. Doch was wussten die schon über dich? Nur weil die so blöd redeten, heißt das nicht, dass es dir nicht gelingen kann abzunehmen.

Schritt 5: Verzeihe anderen

Falls eine bestimmte Person an deinen schlechten Glaubenssätzen Schuld ist und womöglich noch dazu beigetragen hat, dass du wenig Selbstvertrauen hast, dann ist es wichtig, dass du dieser Person verzeihen kannst. Nimm die Situation an, wie sie ist. Die Vergangenheit ändern kannst du nicht mehr. Erst wenn du deine bisherige Entwicklung akzeptierst, kannst *du* dich ändern. Mach dir bewusst, dass Personen in bestimmten Situationen nur so handeln können wie sie gerade handeln. Sie können nicht anders. Meist wollen sie einem nichts Schlechtes. Sie wissen es nur nicht besser.

Verzeihe also allen Personen, die dich in der Vergangenheit negativ beeinflusst und dazu beigetragen haben, dass negative Glaubenssätze deinen Erfolg blockierten. Mach dies bitte schriftlich.

Zum Beispiel könntest du dir sagen, dass Schüler in dem Alter eben so sind. Sie hänseln andere, die als nicht „normal" angesehen werden, weil sie sich selbst noch über sich und ihren Körper unsicher sind. Deshalb ist all das auch nicht wirklich ernst zu nehmen. Kein Grund also, ihnen das nicht nachzusehen.

Schritt 6: Handle nach deinem neuen Glaubenssatz

In Schritt 3 hast du notiert, wie dein neuer Glaubenssatz lauten soll. Nun ist es an der Zeit, danach zu handeln. Beweise deinem Unterbewusstsein, dass dieser neue Glaubenssatz seine Gültigkeit hat, indem du handelst, als würdest du bereits viel positiver über dich denken.

Am besten schaffst du das, indem du durch deine täglichen (beziehungsweise wöchentlichen oder monatlichen) Handlungen Gegenbeweise lieferst – und mögen sie auch noch so klein sein. Diese kleinen Gegenbeweise könntest du dann regelmäßig in deinem Erfolgstagebuch notieren (siehe Übung Nr. 30)

➔ Übung Nr. 64: Blockmantras gegen den inneren Kritiker einsetzen

Nun gehen wir noch einen Schritt weiter und blockieren negative Gedanken sofort im Zeitpunkt ihres Auftretens. Hierzu kannst du so genannte Blockmantras nutzen, welche im Grunde nichts weiter sind als mentale Stoppzeichen. Sie sind dazu da, um deinem inneren Kritiker den Wind aus den Segeln zu nehmen. Sollte er sich in einer unpassenden Situation negativ über dich und deine Leistung äußern, dann antworte ihm ganz entschieden mit einem selbst ausgedachten Ausdruck, der die Stimme deines inneren Kritikers übertönen soll.

Egal was du ihm auch sagst, es geht darum, ihn auf der Stelle mundtotzumachen, da er dich wieder einmal runterzieht und du dies nicht möchtest. Sag deinem inneren Kritiker zum Beispiel im Geiste „Mund halten“ oder „Das geht dich nichts an“ bzw. „Lass mich in Ruhe“.

Denk dir was aus und wende es bewusst an, wenn dir dein innerer Kritiker wiedermal auf den Geist geht. Experimentiere ruhig mit unterschiedlichen Mantras – so lange, bis du das richtige gefunden hast. Bemühe dich in einem nächsten Schritt für mindestens eine Woche lang, all die negativen Gedanken zu blockieren, die dir auffallen.

Gelingt dir das? Wie fühlt sich das an?

<u>Eine mögliche Zusatzübung:</u>

Manche empfehlen sogar, ein Gummiband um das Handgelenk zu tragen. Das könntest du ja mal ein paar Tage lang ausprobieren (zumindest daheim). Wenn sich dein innerer Kritiker zu Wort meldet, dann sage die Worte, die du dir ausgedacht hast und spann gleichzeitig das Gummiband, das du sodann auf deine Haut schnellen lässt. Dieser leichte Schmerz soll die Wirkung des Blockmantras noch zusätzlich verstärken. Vielleicht keine so schlechte Idee.

➔ Übung Nr. 65: Negative Gedanken hinterfragen

In Übung Nr. 54 hast du dir bereits deine negativen Gedanken notiert, die du tagtäglich kultivierst. Oft bewirkt dieses Bewusstmachen bereits eine deutliche Veränderung. Doch wir geben uns damit natürlich nicht zufrieden. Es gilt jetzt, die Äußerungen deines inneren Kritikers systematisch zu hinterfragen (der Fokus liegt nun auf dem Hinterfragen und nicht auf dem Blockieren wie in der letzten Übung):

Frag dich als erstes, warum dein innerer Kritiker auf diese Weise über dich denkt: *Ist dies auf frühere Erfahrungen mit deinen Mitmenschen zurückzuführen? Haben dir das deine Eltern/Lehrer/Mitschüler/Kollegen eingeredet? Vielleicht benutzt dein innerer Kritiker sogar denselben Wortlaut wie zum Beispiel deine Eltern früher, als sie dich getadelt haben? (Oder womöglich benutzen sie dieselben Worte noch immer?)*

Notiere dir also bei jedem negativen Statement, das du aufgeschrieben hast, von wem es möglicherweise kommen mag. Du wirst draufkommen, dass vieles, was du dir so den lieben langen Tag einredest, von anderen Leuten stammt. Ist doch blöd oder? Da mischen sich andere in dein Leben ein, mit denen du im Moment gar nicht zusammen bist – oder die du womöglich schon jahrelang nicht mehr getroffen hast. Das macht doch überhaupt keinen Sinn, nicht wahr? Also unternimm etwas dagegen!

Frag dich als nächstes, warum nicht stimmen muss, was sie da behauptet haben. Suche bewusst nach Gegenargumenten, die dich in positivem Licht erstrahlen lassen. Wenn du dir zum Beispiel mal wieder einreden solltest, dass du sowieso nur Mist baust – egal was du auch Neues anfängst – dann suche nach Erfahrungen in der Vergangenheit, die genau das Gegenteil beweisen. Und was diese früheren Erfahrungen betrifft, hast du ja bereits eine Menge Antworten parat (siehe Übung Nr. 4 „Bisherige Erfolge bewusst machen“)

Anmerkung: Auch wenn diese Übung große Parallelen zur Übung Nr. 63 bezüglich des Änderns deiner Glaubenssätze hat: Mach sie trotzdem. Denn: Auch wenn es Parallelen gibt, so betrachtet diese Übung deine Denkmuster wiederum aus einem etwas anderen Blickwinkel. Zudem schadet es nicht, sich eingehender mit deinen festgefahrenen Denkmustern zu beschäftigen.

➔ Übung Nr. 66: Die Erwartungen anderer hinterfragen

Nicht nur wir selbst, sondern auch andere stellen an uns bestimmte Erwartungen, welche wir glauben erfüllen zu müssen. Doch die gute Nachricht ist, dass Erwartungen nur Wünsche sind. Du bist nicht dazu verpflichtet, dass du all diesen Erwartungen gerecht wirst. Nur leider fällt es uns oft sagenhaft schwer, die Erwartungen anderer bewusst *nicht* zu erfüllen. Denn die anderen glauben zumeist, dass sie einen Anspruch darauf haben, dass du ihre Erwartungen erfüllst. Und seien wir mal ehrlich: Du glaubst es ja zum Teil auch.

Frage dich mal, welche Erwartungen andere dir gegenüber haben: *Wie möchten sie, dass du dich verhältst? Notiere für ein paar Minuten all die Erwartungshaltungen wichtiger Menschen in deinem Umfeld, die dir spontan in den Sinn kommen. Wähle hierzu mindestens drei Personen aus, mit denen du regelmäßig Kontakt hast und die dir wichtig sind. Versetz dich in sie hinein. Welche Erwartungen haben sie an dich? Wann sind sie zufrieden und wann sind sie von dir enttäuscht?*

Schau dir nun die Liste an. Welche dieser Erwartungshaltungen möchtest du einhalten, weil sie deinen eigenen Wertvorstellungen und Motiven entsprechen? Frage dich aber auch, ob auf dieser Liste Erwartungen stehen, die du zwar in der Vergangenheit immer erfüllt hast, die du aber eigentlich gar nicht erfüllen willst.

Eine mögliche Zusatzaufgabe:

Mach doch mal ein Experiment: Erfülle eine Woche lang keine einzige dieser Erwartungen und achte darauf, was passiert. Kommen die anderen auf dich zu, um dir ihren Unmut darüber kundzutun? Dann erklär ihnen, dass Erwartungen nichts anderes sind als Wünsche. Und Wünsche sind immer subjektiv und niemals objektiv. Sag ihnen, dass du dich persönlich weiterentwickeln willst und in Zukunft nicht mehr alle ihre Erwartungen erfüllen wirst.

Schaffst du das? Wie fühlst du dich dabei? Bei welchen deiner Mitmenschen tust du dir schwer, deren Erwartungen *nicht* zu erfüllen?

➔ Übung Nr. 67: Positives Verhalten visualisieren

Wir können unser Selbstvertrauen durch positive Erfahrungen enorm steigern. Und das Schöne daran ist, dass diese Erfahrungen nicht einmal real sein müssen. Wir reagieren nämlich auf vorgestellte Erfahrungen ähnlich intensiv wie auf reale. Und genau das kannst du dir zu Nutze machen.

In Übung Nr. 59 hast du wahrscheinlich festgestellt, dass du in gewissen Situationen noch nicht die Selbstsicherheit an den Tag legst, die du dir eigentlich wünschen würdest. Versetz dich nun gedanklich in eine dieser Situationen und stell dir vor, dass du nur so vor Selbstvertrauen strotzt.

Beginne damit, dass du dich an einen ruhigen Ort zurückziehst und dich dort bequem auf einen Stuhl setzt. Schließe die Augen und versetze dich in die jeweilige Situation. Male dir alles so konkret wie möglich aus – so, als ob du gerade wirklich dort wärst. Visualisiere, dass diesmal alles glatt läuft und du alles im Griff hast. Wenn du zum Beispiel bei Präsentationen immer sehr nervös bist, dann stell dir mal vor, dass du vor Beginn der Präsentation absolut ruhig bist, weil du genau weißt, dass du zu hundert Prozent vorbereitet bist. Stell dir auch konkret vor, wie du vor den Leuten stehst und mit lauter und selbstbewusster Stimme deinen Vortrag hältst und alle begeistert sind von dem, was du sagst.

Wiederhole diese Übung mehrmals – mindestens so lange, bis sich die Visualisierung der jeweiligen Situation gut und echt anfühlt. Danach nimm dir mindestens eine weitere Situation vor, in der du zum gegenwärtigen Zeitpunkt ebenfalls noch Unsicherheit verspürst. Visualisiere auch diese Situation so oft, bis sie deutlich von ihrem Schrecken verloren hat.

➔ Übung Nr. 68: Einstieg in die Autosuggestion

Autosuggestion bezeichnet das Training des Unterbewussten durch das gedankliche oder auch laute Aufsagen von Leitsätzen – so genannten Affirmationen. Die Idee dahinter ist, dass man einen positiven Leitsatz wie „Es geht mir mit jedem Tag besser und besser“ immer wieder wiederholt, bis er Teil des unbewussten Denkprozesses geworden ist. Bis man also wirklich daran glaubt.

Zurück geht diese Technik auf den französischen Apotheker Èmile Couè, der im 19. Jahrhundert lebte. Couè bemerkte, dass die Wirkung der Medikamente zu einem großen Teil davon abhing, mit welchen Worten er sie seinen Kunden übergab. Durch diese Beobachtung kam er auf die Idee, dass Menschen selbst die Wirkung durch entsprechend positives Denken und das Aufsagen von Affirmationen verbessern könnten.

Doch eine Warnung zu Beginn: Affirmationen können auch eine gewisse Gefahr darstellen. Es stellte sich nämlich in Studien heraus, dass Autosuggestion oft gerade bei jenen nicht funktioniert, die sie vielleicht am dringendsten benötigen: bei Menschen mit geringem Selbstvertrauen. Bei dieser Gruppe von Menschen bewirkt die Autosuggestion eben oftmals nicht, dass man sich mehr zutraut und Erfolg hat im Leben. Experten glauben, dass der Grund dafür der ist, dass Personen mit geringem Selbstvertrauen Beispiele aus ihrer Vergangenheit suchen, um die Affirmationen zu widerlegen. Sie suchen also unbewusst ihr Gedächtnis nach Erinnerungen ab, die beweisen können, dass sie eben nicht so sind, wie sie sich gerade einzureden versuchen. Sie erzeugen dadurch eine starke Diskrepanz zwischen eigenem Verhalten und der Affirmation.

Gleichzeitig gibt dieser Befund einen Hinweis darauf, wie Autosuggestion auch bei jenen funktionieren kann, die mit einem geringen Selbstvertrauen ausgestattet sind:

Erstens solltest du einen Grundstock an Selbstvertrauen durch andere Maßnahmen legen. Da wir im Buch schon weit fortgeschritten sind und dies bereits Übung Nr. 68 ist, dürftest du durch all die anderen Übungen bereits einen soliden Grundstein gelegt haben. Es steht also deinem

Bestreben nichts mehr im Wege, zusätzliches Selbstvertrauen durch Autosuggestion aufzubauen.

Zweitens solltest du nicht willkürlich vorgehen und dir nicht irgendwelche Affirmationen zurechtlegen. Emile Couè's bekannteste Affirmation lautete: „Es geht mir von Tag zu Tag in jeglicher Hinsicht besser und besser." Diese Affirmation war deshalb so erfolgreich, weil sie nicht in der Gegenwartsform formuliert war, sondern eine positive Entwicklung angesprochen hat. Und das glauben wir uns eher, als dass wir schon am Ziel angekommen sind.

Wenn Menschen mit geringem Selbstvertrauen sich Tag für Tag eine Affirmation á la „Ich bin schön" oder „Ich bin erfolgreich" aufsagen, dann meldet sich schnell der innere Kritiker zu Wort. Und dieser hält dir vor Augen, dass dies eben nicht der Fall ist. Umgekehrt glaubt uns unser innerer Kritiker gern, dass wir mit jedem Tag Verhaltensweisen annehmen können, die uns Schritt für Schritt unserem Erfolg näher bringen. Unser Unterbewusstsein glaubt uns also nicht, dass wir schon erfolgreich sind, jedoch, dass wir erfolgreich werden können, indem wir jeden Tag etwas dafür tun und uns mit vielen kleinen Schritten unserem Ziel nähern. Benutze also zu Beginn eher Phrasen wie „Ich werde jeden Tag …", „… mehr und mehr …" oder „… von Tag zu Tag …".

Außerdem solltest du Affirmationen auf viele unterschiedliche Weisen einsetzen. Dies erhöht die Wirkung mitunter beträchtlich:

Schreibe dir deine Affirmationen auf kleine Kärtchen, die du überallhin mitnehmen kannst. Pro Kärtchen könntest du genau eine solche Affirmation aufschreiben. Wenn du in einem Zug sitzt und gerade nicht weißt, was du sonst tun könntest, dann nimm die Kärtchen zur Hand und lies sie ein paar Mal durch.

Lerne Affirmationen auswendig, die dir besonders wichtig erscheinen und sage sie dir zum Beispiel in der Früh vorm Badezimmerspiegel auf. Es könnte sich auch lohnen, wenn du das nicht nur im Geiste tust, sondern sie sogar laut aufsagst.

Du könntest dir Affirmationen auch auf Zettel notieren und sie an bestimmten Orten aufhängen – zum Beispiel auf eine Pinnwand / einem Whiteboard in deinem Büro oder per PostIt am Computerbildschirm.

Eine Möglichkeit wäre auch, deine Lieblingsaffirmation als Bildschirmhintergrund zu verwenden.

Du könntest deine Affirmationen auch aufnehmen und anhören – zum Beispiel wenn du gerade im Fitnessstudio auf dem Fahrradergometer sitzt und fleißig trainierst.

Einige Regeln in puncto Autosuggestion:

Affirmationen wirken selten sofort. **Du musst dieser Technik Zeit geben**. Wende Autosuggestion also zumindest über einige Wochen lang an.

Zudem solltest du **nicht 100 Ziele gleichzeitig verfolgen**, für die du dir Affirmationen überlegst. Es ist nämlich wie bei fast allem im Leben. Wenn man sich zu viel vornimmt, ist das Scheitern schon so gut wie vorprogrammiert. Genauso wie du dir nicht zu viele Ziele auf einmal setzen solltest, ist es wichtig, nicht zu viele Affirmationen auf einmal verinnerlichen zu wollen. Konzentriere dich lieber auf einige wenige. Denn auch beim Thema Autosuggestion solltest du gezielt vorgehen und dir genau überlegen, was du damit erreichen willst. Suche dir am besten nur *ein* konkretes Ziel. Das kann im Bereich der Verhaltensänderung liegen (zum Beispiel mit dem Rauchen aufzuhören) oder in der Veränderung bestimmter Einstellungen (zum Beispiel positiver durch die Welt zu gehen). Natürlich kann ein mögliches Ziel auch sein, mehr Selbstsicherheit in bestimmten Situationen an den Tag zu legen.

Formuliere keine verneinenden Affirmationen: Davon hast du vielleicht schon gehört. Wenn zum Beispiel ein Kind einen Baum raufklettert und die Mutter ruft ihm zu, es solle nur ja nicht vom Baum runterfallen, dann ist die Wahrscheinlichkeit groß, dass es genau das tut. Das Kind fällt dann wahrscheinlich wirklich vom Baum herunter. Hätte die Mutter dem Kind nichts zugerufen, dann wäre wohl alles gut gegangen und das Kind wäre einfach wieder runtergeklettert. Das Wörtchen „nicht“ überhört nämlich unser Unterbewusstsein nur all zu gern. Wenn wir uns ständig einzureden versuchen, dass wir *nicht* schüchtern sind, dann glaubt unser Unterbewusstsein, dass wir schüchtern sind. Denn es überhört das Wörtchen „nicht“. Formulierst du Affirmationen, dann musst du also unbedingt darauf achten, dass sie positiv formuliert sind. Vermeide demnach Affirmationen á la: „Ich bin nicht schüchtern“. Formuliere sie hingegen in etwa so: „Ich bin offen für neue Erfahrungen und gehe immer häufiger auf andere zu“.

Formuliere keine Affirmationen, an die du nie im Leben glauben kannst: Dieses Problem habe ich bereits angesprochen. Affirmationen müssen so formuliert werden, dass wir daran glauben können und wir nicht ständig deren Wahrheit hinterfragen. Deshalb solltest du vor allem zu Beginn kleinere Brötchen backen und Affirmationen entwickeln, die du dir jetzt schon abnimmst. Zudem ist es sinnvoll, Affirmationen zu nutzen, die eine positive Entwicklung ansprechen, wie zum Beispiel „Ich komme meinen Zielen jeden Tag einen kleinen Schritt näher.“ Oder „Es geht mir von Tag zu Tag besser und besser“.

Übernimm nicht bloß Beispielaffirmationen aus dem Internet: Wenn du Affirmationen entwickelst, dann sollten diese auch zu dir passen. Beispielaffirmationen tun dies oftmals nicht. Doch keine Angst: Du musst nicht gleich von Anfang an die perfekte Affirmation finden. Du kannst ruhig etwas herum experimentieren und die Leitsätze so lange abändern, bis du dich wohl damit fühlst. Denn das ist das Wichtigste: Du musst dich unbedingt wohl fühlen mit deinen Affirmationen. Wenn ein Leitsatz ungute Gefühle bei dir auslöst, dann ist irgendetwas falsch daran und du solltest nach einer neuen Affirmation suchen.

➔ Übung Nr. 69: Eine Affirmation für jeden Tag

Wenn du die vorige Übung gemacht hast, dann hast du dir bereits ein paar Affirmationen zurechtgelegt, die dich einem bestimmten Ziel näher bringen sollen. Nutze diese Affirmationen weiterhin jeden Tag für jeweils ein paar Minuten. Denn eines ist klar: Autosuggestion wirkt nicht sofort. Du hast dir jahrzehntelang eingeredet, dass du dieses und jenes nicht schaffst und womöglich sogar minderwertig bist. Durch ein paar Tage Autosuggestion wirst du dem nur schwer entgegenwirken können.

Um diesen Prozess jedoch etwas zu beschleunigen – und vor allem um diesen Prozess spannend zu halten – könntest du dir jeden Tag einen neuen Leitsatz suchen, den du zur Affirmation des Tages ernennst. Dabei solltest du genauso vorgehen wie vorhin. Auch diese Affirmationen sollten genau diesem einen Ziel dienen, welches für dich momentan das wichtigste überhaupt ist. Keinesfalls solltest du versuchen, mehrere Ziele gleichzeitig mit Hilfe von Affirmationen zu erreichen. Das führt selten zum Erfolg.

Wende diese Übung mindestens eine Woche lang täglich an: *Überleg dir für jeden Tag eine geeignete Affirmation, die dich deinem wichtigsten Ziel näher bringen soll. Sage dir diese eine Affirmation mehrmals am Tag auf – gedanklich in der Früh beim Zähneputzen, auf dem Fußweg zur Arbeit, in einer Rauchpause und am Abend unter der Dusche.* Wichtig ist, dass die Affirmation ein gutes Gefühl bei dir auslöst. Du musst auch glauben können, was du dir einzureden versuchst. Sonst ist die Sache zwecklos.

Um eine geeignete Affirmation zu finden, kannst du zum Beispiel deine Stärken und positiven Eigenschaften betrachten. Wähle eine aus, die du dann zu einer Affirmation umwandelst. Benutze sie sodann einen Tag lang, bevor du dir am nächsten Tag eine andere überlegst.

➔ Übung Nr. 70: Beispiele finden, die Affirmationen bestätigen

Sich positive Affirmationen zurechtzulegen, die man auch glauben kann, ist schon mal ein guter Anfang. Damit die Affirmationen bestätigt werden, verhält man sich mit der Zeit entsprechend positiv. Doch auch in der Vergangenheit hat man sich sicher schon mal entsprechend verhalten – besonders wenn man auf Affirmationen setzt, die eigene Stärken bzw. die persönliche Entwicklung betonen.

So ist es zwar gut, sich zu sagen, dass man ein ausdauernder Mensch ist, der nicht so schnell aufgibt. Doch zu einer regelrechten Überzeugung kann dies erst dann werden, wenn man hierfür Beispiele in der eigenen Vergangenheit findet, die dies bestätigen können.

Durchsuche deine Vergangenheit also mal gründlich nach konkreten Situationen, die deine wichtigsten Affirmationen bestätigen.

Lass dir für diese Übung ausreichend Zeit. Am besten wäre es, du findest für jede deiner Affirmationen mehr als nur ein Beispiel – je mehr desto besser. Dadurch kannst du dich davon überzeugen, dass etwas dran ist an deinen Leitsätzen, die du formuliert hast. Notier dir die Beispiele in möglichst vielen Einzelheiten in deinem Notizbuch.

Doch damit nicht genug: Lass dich in die jeweilige Situation zurück versetzen. Lass also alles noch einmal vor deinem geistigen Auge Revue passieren.

Wie war das damals? Wie hast du dich damals genau verhalten? Wo warst du? Wer war sonst noch da? Wie hast du dich dabei gefühlt?

Versuche dich so gut es geht zu erinnern – und zwar so detailreich wie möglich. Dadurch sorgst du dafür, dass deine Affirmationen bestätigt werden und du ihnen umso leichter Glauben schenken kannst.

➔ Übung Nr. 71: Belletristik lesen

Laut einer Studie der Sozialpsychologen David Kidd und Emanuele Castano aus dem Jahr 2013 fördert das Lesen guter Literatur die Fähigkeit zur Empathie. In diversen Experimenten teilten die beiden Psychologen an die 700 Freiwillige in zwei Gruppen auf. Die einen bekamen Textpassagen aus anspruchsvollen Romanen, wie zum Beispiel das Buch „Ein Chamäleon" von Anton Tschechow zu lesen. Die andere Gruppe bekam einfach geschriebene Bestseller sowie Sachbücher und Artikel aus Magazinen zu lesen.

Anschließend mussten die Probanden so genannte Theory-of-Mind-Experimente machen. Dabei handelte es sich um Übungen, bei denen vor allem die Fähigkeit zur Empathie gefragt war. Zum Beispiel wurden den Freiwilligen ganz kurz Bilder von Augenpaaren gezeigt und sie mussten diesen Bildern Gefühle zuordnen. Es zeigte sich dabei, dass jene Probanden, die anspruchsvolle Lektüre lasen, deutlich besser bei diesen Tests abschnitten als der Rest.

Daraus zeigt sich, dass Belletristik etwas in den Lesern verändert – und zwar messbar verändert. Es macht sie deutlich empathischer. Und wer Gefühlsregungen bei anderen besser erkennt, der erkennt auch die eigenen Gefühle und Befindlichkeiten besser. Und dies ist eine der Grundlagen für mehr Selbstbewusstsein und damit auch die Grundlage für ein starkes Selbstvertrauen.

Doch warum zeigt das Lesen anspruchsvoller Belletristik solche Effekte? Die Studienleiter begründen dies vor allem damit, dass Leser solcher Texte versteckte Bedeutungen suchen müssen und zudem unterschiedliche Perspektiven beim Lesen einzunehmen haben. Dies ist bei weniger anspruchsvoller Lektüre eben nicht im selben Ausmaß der Fall.

Und was lernen wir daraus? Lies öfter mal ein gutes Buch, denn es lohnt sich auf jeden Fall!

Worauf wartest du also noch? Schau noch heute in deine nächstgelegene Buchhandlung oder geh ins Internet und stöbere nach anspruchsvoller Literatur. Vielleicht findest du auch ein verstaubtes Buch in deinem Bücherregal, dem du vielleicht doch mal eine Chance geben solltest – jetzt wo du über den Nutzen anspruchsvoller Texte Bescheid weißt ☺.

Kapitel 7

...

Die Komfortzone verlassen

Die eigene Komfortzone* – oder auch genannt Wohlfühlzone – zu verlassen halte ich für sehr wichtig. Doch gleichzeitig ist dies auch sagenhaft schwer.

Denn: Wir alle neigen dazu, uns auf das kurzfristige Glück bzw. Leid zu konzentrieren. Wir wissen zwar, dass es uns langfristig gesehen großen Nutzen bringt, wenn wir dieses oder jenes tun. Doch kurzfristig schrecken wir oft davor zurück, weil es unangenehm und psychisch wie physisch mit viel Aufwand verbunden ist.

Deshalb sollte man sich von Zeit zu Zeit dazu zwingen, bewusst die eigene Komfortzone zu verlassen – und damit einhergehend diese langsam zu erweitern und somit neues Selbstvertrauen zu gewinnen.

Los geht`s!

☺

*Mit der Komfortzone meine ich genau jenen Bereich, in dem wir uns wohl fühlen. Damit sind Tätigkeiten und Situationen gemeint, die wir gewohnt sind, in denen wir uns nicht mehr anstrengen müssen und meist nicht mehr darüber nachdenken müssen, weil uns alles automatisch von der Hand geht. Für all jene Dinge aber, die außerhalb dieser Komfort- oder auch Wohlfühlzone liegen, müssen wir uns geistig und/oder körperlich überwinden. Manchmal gehört auch eine gehörige Portion Mut dazu, besonders wenn sich eine bestimmte Tätigkeit deutlich außerhalb unserer Komfortzone befindet.

➔ Übung Nr. 72: Teilziele setzen und Schritt für Schritt erreichen

Überall liest man, dass man sich möglichst große Ziele setzen soll. Nur große Ziele seien in der Lage uns zu motivieren und das Beste aus uns herauszuholen. Im Grunde haben die Autoren ja auch Recht. Trotzdem sollte man aufpassen. Ein Ziel nicht zu erreichen ist oft schlimmer, als von vornherein keines zu haben. Ziele nicht zu erreichen könnte bedeuten, dass dein Selbstvertrauen einen erneuten Knacks abbekommt. Dies könnte darin resultieren, dass du dir immer weniger zutraust und deshalb in Zukunft auch nichts mehr ausprobierst.

Umgekehrt wirkt sich jedes Ziel, das du erreichst, positiv auf dein Selbstvertrauen aus. Außerdem spornt jedes einzelne erreichte Ziel dazu an, noch viele weitere in deinem Leben zu erreichen. Deshalb empfehle ich dir dringend, dir nur Ziele zu setzen, die du auch erreichen kannst.

Es ist nämlich geradezu abenteuerlich, was sich manche zu Jahresbeginn alles für das folgende Jahr vornehmen. Da werden riesengroße Pläne geschmiedet. Für einen Außenstehenden ist meist klar, dass sich das wohl nie ausgehen wird. Kein Wunder also, dass die meisten Neujahrsvorsätze schon nach wenigen Wochen oder gar Tagen fallen gelassen werden. Solltest du also große Ziele haben, dann brich diese in kleine Teilziele herunter und lass dir genügend Zeit um sie auch zu erreichen.

Und kleinere Teilziele haben noch einen weiteren entscheidenden Vorteil: Sie spornen eher zum Handeln und damit zum Verlassen der Komfortzone an, da die Erreichung bereits in naher Zukunft liegt und man somit rascher erste Ergebnisse sehen kann. Optimal ist es deshalb, wenn du durch das Herunterbrechen auf Teilziele hauptsächlich kurzfristige Ziele hast, die du allesamt innerhalb der nächsten Monate erreichen kannst.

Brich also deine Lebensziele in ganz kleine Teilziele herunter. Frage dich, was zu jedem einzelnen Ziel der erste Schritt ist, den du schon in den nächsten Tagen umsetzen könntest.

Doch sich Teilziele zu setzen ist noch nicht genug. Deine Ziele müssen darüber hinaus klar messbar sein. Nur was man messen kann, kann man auch managen. Erst wenn deine Ziele messbar sind, weißt du, was du zu tun hast. Vor allem weißt du dann auch, wann du sie erreicht hast.

Zudem ist ein konkretes Ziel viel motivierender – somit erhöht sich auch die Wahrscheinlichkeit, es zu erreichen. Oder wie fühlt sich dieses Ziel an: „Ich will abnehmen." Nicht gerade motivierend, oder? Und jetzt vergleiche es mit diesem Ziel: „Ich will bis 30. Juni 5 Kilo abnehmen und mein Wunschgewicht von 65 Kilo erreichen." Das hört sich doch gleich viel besser an, oder?

Um dir also kurzfristige Ziele zu setzen, die du mit großer Wahrscheinlichkeit auch erreichen kannst, solltest du die berühmte SMART-Formel anwenden. Diese steht für Specific, Measurable, Achievable, Relevant und Timely. Ich übersetze es mit Spezifisch, Messbar, Akzeptiert, Realistisch und Terminisiert.

Spezifisch ist ein Ziel dann, wenn es eindeutig definiert ist. Also geht es hierbei um die vorhin angesprochene Präzision in der Formulierung des Ziels. Formulierst du es zu vage, dann darfst du es eigentlich gar nicht Ziel nennen. Es ist dann eher eine Wunschvorstellung oder bloß Träumerei – weiter nichts.

Also nicht: Ich will abnehmen.

Sondern: Ich will 5 Kilo abnehmen. Oder: Ich will meinen Körperfettanteil auf 20 Prozent reduzieren.

Wie gesagt weißt du erst dann, wann du ein Ziel erreicht hast, wenn du es messen kannst. Es muss also **messbar** sein. Inwieweit du dein Ziel bereits erreicht hast, solltest du zu jedem Zeitpunkt bestimmen können. Dann weißt du auch, wie viel dir noch fehlt, bis du dein Ziel erreicht hast. Das motiviert oft zusätzlich.

Also nicht: Ich will Englisch lernen.

Sondern: Ich lerne in den nächsten zwei Monaten pro Tag mindestens 30 Minuten Englisch. Oder: Ich bestehe am … den Englisch-Kurs XY.

Unter **akzeptiert** verstehe ich, dass du wirklich bereit sein solltest, dein Ziel zu erreichen.

Also nicht: Ich bewerbe mich um einen Job bei der Bank XY (weil es ein angesehener Job ist und ich meiner Mutter damit eine Freude mache).

Sondern: Ich schreibe mich im Herbst für Biologie an der Uni ein (weil es schon immer mein Traum war, Meeresbiologe zu sein –> auch wenn du nur Teilzeit studierst, weil du dir deinen Lebensunterhalt selbst verdienen musst).

Ziele müssen zudem **realistisch** sein. Du musst dir also über deine persönlichen Kapazitäten im Klaren sein und nicht zu viele Ziele auf einmal verfolgen. Zudem sollten sich deine kurzfristigen Ziele nicht widersprechen. Bedenke beim Setzen deiner Ziele immer eines: Kurzfristig trauen wir uns meist zu viel zu und langfristig zu wenig.

Also nicht: Ich will pro Woche 3 Kilo abnehmen (denn das wäre hauptsächlich Flüssigkeitsverlust).

Sondern: Ich will pro Woche 0,5 Kilo abnehmen (über einen längeren Zeitraum hindurch ist auch das ein schöner Erfolg).

Terminisiert bedeutet, dass jedes Ziel eine klare Deadline haben sollte. Wann genau möchtest du dein Ziel erreicht haben? Dadurch wird das Ganze verbindlicher für dich. Durch die Terminisierung kannst du auch ganz genau planen, welche Schritte du wann setzen möchtest. Doch setz dich dabei nicht zu sehr unter Druck!

Also nicht nur: Ich will 5 Kilo abnehmen.

Sondern: Ich will 5 Kilo bis 30. Juni abnehmen.

➔ Übung Nr. 73: Ideen sammeln für das Verlassen der eigenen Komfortzone

Hand aufs Herz: Wie oft hast du heuer bereits deine Komfortzone verlassen?

Nimm dir ruhig ein paar Minuten Zeit und denk mal genauer über diese Frage nach. Wann hast du die letzten Wochen etwas getan, das nicht so ganz alltäglich war für dich und etwas Überwindung gekostet hat?

Sollte deine Antwort lauten, dass du in den letzten Wochen kein einziges Mal deine Komfortzone verlassen hast, dann kann dies zweierlei bedeuten:

1. Du strotzt bereits vor Selbstvertrauen und egal was du auch tust, es liegt alles innerhalb deiner Komfortzone – weil du bereits so viele Dinge ausprobiert hast, dich bereits mit allen möglichen Menschen an allen Orten der Welt getroffen hast und nichts für dich unmöglich scheint.
2. Die zweite Möglichkeit ist wohl viel wahrscheinlicher: Du vermeidest nach Möglichkeit alles Neue und bleibst lieber tagein tagaus in deiner Komfortzone. Denn nur da fühlst du dich wohl.

Falls letzteres auf dich zutrifft, solltest du unbedingt etwas unternehmen. Wenn du nämlich ständig danach trachtest, in deiner mickrigen Komfortzone zu verweilen, dann kannst du dich nicht mehr weiterentwickeln. Denn: Persönliche Entwicklung ist größtenteils nur außerhalb deines Wohlfühlbereichs möglich. Wenn du also danach trachtest, dein Selbstvertrauen zu erhöhen, dann solltest du von Zeit zu Zeit auch mal deine Komfortzone verlassen.

Ein paar Beispiele zum Verlassen deiner Komfortzone …

Möglichkeiten um seine Komfortzone zu verlassen gibt es viele. Das hängt auch stark von dir selbst ab. Was sich für den einen noch innerhalb der persönlichen Komfortzone befindet, ist für jemand anderen schon weit außerhalb davon. Hier habe ich dennoch ein paar Anregungen für dich zusammengestellt:

- Geh doch mal alleine ins Kaffeehaus, ins Kino oder in die Disco.
- Ruf Leute an, mit denen du schon jahrelang keinen Kontakt mehr hattest.
- Melde dich für einen Tanzkurs an.
- Geh zu einem Singletreff.
- Fang an, das Abitur / die Matura nachzuholen.
- Inskribiere an der Uni und studiere nebenher so ganz zum Spaß Geschichte, Philosophie oder Numismatik.
- Mach einen Kopfsprung im Freibad vom Fünfmeterbrett.
- Verzichte mal einen Tag lang auf dein Handy und deine Uhr.
- Mach beim nächsten örtlichen Marathon mit.

- Such dir endlich einen neuen Job, wenn du den alten nicht mehr leiden kannst.
- Fordere endlich mehr Gehalt von deinem Chef / deiner Chefin.
- Mach dich selbständig.
- Ring dich endlich dazu durch, diese langersehnte Pilgerreise zu machen.
- Gehe auffällig gekleidet außer Haus und ziehe so alle Blicke auf dich.

Hast du selbst Ideen zum Verlassen deiner Komfortzone?

Nun sind wir endlich bei der eigentlichen Übung angelangt: *Überleg dir, was du tun könntest, um deine Komfortzone zu verlassen. Setz dich am besten mal ein paar Minuten hin, nimm dein Notizbuch zur Hand und beginne zu brainstormen. Schreib alles auf, was dir einfällt. Zensiere erstmal nichts, sondern notier dir wirklich alles, was dir in den Sinn kommt – und mag es noch so verrückt erscheinen. Hör erst auf mit dem Brainstormen, wenn du über 50 Dinge gefunden hast, die außerhalb deines persönlichen Wohlfühlbereichs liegen.*

Wähle nun 10 Dinge aus, die du die nächsten Wochen und Monate umsetzen kannst. Es sollten Dinge sein, die zwar in gewissem Maße unangenehm, schwierig und neuartig sind, die du dir aber dennoch zutraust.

Und ganz wichtig: Setze eines dieser 10 Dinge innerhalb der nächsten 7 Tage um. Und innerhalb der darauffolgenden Tage trachte danach, das nächste umzusetzen und so weiter. Fang zur Eingewöhnung ruhig mit dem leichtesten Punkt auf deiner Liste an und steigere dich von da an langsam aber stetig.

Glaubst du, dass dir das gelingen kann? Wenn nicht, dann stell dir mal vor, irgendjemand hält dir einen Revolver gegen die Schläfe und zwingt dich, jede Woche irgendetwas davon umzusetzen. Glaubst du, dass du es tun würdest? Ich denke ja, oder?

...

Na siehst du. Wenn es mit dem Revolver geht, dann muss es auch ohne gehen. Oder etwa nicht? ☺

Beweg also deinen Hintern und verlass regelmäßig deine Komfortzone! Ein Mehr an Selbstvertrauen ist dir dann 100-prozentig sicher. Ich wünsche dir jedenfalls viel Erfolg und auch jede Menge Spaß dabei! Du wirst sehen: Es wird mit der Zeit immer einfacher die eigene Komfortzone zu verlassen. Es ist reine Übungssache.

Übrigens: Das weitere Kapitel enthält natürlich ebenfalls Tätigkeiten zum Verlassen deiner Komfortzone. Es sind allesamt Übungen, die ich dir auf jeden Fall empfehlen würde einmal auszuprobieren.

➔ Übung Nr. 74: Dinge alleine unternehmen

Gerade Menschen mit geringem Selbstvertrauen haben oftmals Probleme damit, Dinge alleine zu unternehmen. Warum das so ist, ist schnell erklärt: Selbstwertschwache Menschen achten viel zu sehr auf andere und wie sie einen selbst wahrnehmen. Sitzt man alleine im Kaffeehaus oder im Kino, dann glaubt man oft, dass einen die anderen für unbeliebt halten, weil man nicht in Begleitung ist. Doch das ist natürlich absoluter Blödsinn. Menschen mit starkem Selbstvertrauen trauen sich Dinge alleine zu unternehmen und sind nicht ständig darauf angewiesen, dass jemand anderer mitgeht.

Das Schöne dabei ist, dass nicht nur das eigene Denken unser Verhalten bestimmt. Auch unser Verhalten kann das eigene Denken bestimmen. Wenn du also öfters Dinge alleine unternimmst, dann wird dies mit der Zeit immer selbstverständlicher für dich und dein Denken ändert sich. Schon bald findest du das weit weniger komisch und genießt es sogar, Dinge alleine zu unternehmen.

Nimm also jetzt dein Notizbuch zur Hand und notiere dir mindestens 20 Dinge, die du die nächsten Wochen und Monate alleine unternehmen könntest. Und ganz wichtig: Setze eines dieser 20 Dinge innerhalb der nächsten 48 Stunden in die Tat um!

➔ Übung Nr. 75: Neue Dinge ausprobieren

Genauso lohnenswert wie es ist, Dinge alleine zu unternehmen, kann es auch sein, neue Sachen auszuprobieren. Nimm deshalb erneut dein Notizbuch zur Hand und notiere dir wiederum 20 Dinge, die du in nächster Zeit ausprobieren könntest.

Natürlich ist mir bewusst, dass es bei dieser Liste zu Überschneidungen mit den beiden vorhin genannten Übungen kommen kann. Diese Dinge werden sich nämlich großteils außerhalb deiner Wohlfühlzone befinden und vieles davon wirst du nur alleine unternehmen können. Mach dir trotzdem noch einmal Gedanken darüber.

Die eigentliche Übung kommt ja erst noch:

Nimm dir vor, dass du jede Woche innerhalb der nächsten drei Monate etwas Neues ausprobierst. Das kann etwas ganz Kleines und Unbedeutendes sein, aber es muss jede Woche etwas sein, das du vorher noch nie gemacht hast. Und ganz wichtig: Führe über all diese Dinge genauestens Buch. Schreibe ganz genau auf, wann und wo du etwas Neues ausprobiert hast und wie es dir dabei ergangen ist. Solltest du einen Blog dein eigen nennen, dann nimm dir noch heute vor, in drei Monaten einen Artikel zu veröffentlichen, in dem du beschreibst, wie du jede Woche etwas Neues ausprobiert und was du dabei alles erlebt hast. Am besten dokumentierst du das Ganze durch Fotos – das macht die Sache noch viel lebendiger und interessanter.*

Dieses ganze Aufschreiben, Dokumentieren und auch Fotografieren hat einen entscheidenden Vorteil: Du bist viel motivierter wenn du das machst, da du mit der Zeit in einen richtiggehenden Wettstreit mit dir selbst trittst. Du willst dann unbedingt jede Woche irgendetwas Neues ausprobieren um dir selbst zu beweisen, dass du das auch kannst. Und wenn du dies außerdem publik machen willst, bist du noch motivierter und setzt alles daran, dass du nach Ablauf dieser drei Monate möglichst viele coole Sachen ausprobiert hast.

*Ein Blog ist eine Webseite, welche als Journal geführt wird. In der Regel erscheinen darin die aktuellsten Beiträge gleich zu Beginn. Wenn du noch nie einen Blog besucht haben solltest, dann fang doch mal mit meinem an ☺: http://1001erfolgsgeheimnisse.com

➔ Übung Nr. 76: Blickkontakt mit fremden Personen aufnehmen

Menschen mit geringem Selbstvertrauen haben oft Probleme damit, mit anderen Blickkontakt aufzunehmen und diesen für eine Weile zu halten. Besonders schwer fällt dies natürlich bei fremden Personen.

Übe dich deshalb mal darin, die nächsten Tage bewusst mit fremden Personen Blickkontakt aufzunehmen. Falls dies noch sehr unangenehm für dich sein sollte, dann nimm nur ganz kurz Blickkontakt auf – also wirklich nur für den Bruchteil einer Sekunde. Setz dich zum Beispiel ins Kaffeehaus und versuche mit allen Gästen dort kurz Blickkontakt aufzunehmen. (Natürlich eignet sich hierzu nicht nur das Kaffeehaus, sondern alle Orte, an denen sich viele Menschen aufhalten, wie zum Beispiel auch der Supermarkt.)

Sollte dir das hingegen relativ leicht fallen, dann geh noch einen Schritt weiter: *Wende erst dann den Blick von deinem Gegenüber ab, nachdem er / sie zuerst den Blick von dir abgewendet hat. Gelingt dir das?* Dann gratuliere ich dir ganz herzlich. Und wenn es dir noch nicht so toll gelingen sollte, dann ist das auch kein Problem. Versuch es einfach weiter und achte darauf, wie es dir dabei geht. Vielleicht möchtest du sogar deine Eindrücke zu dieser Übung in deinem Notizbuch aufschreiben. Dadurch erhältst du mit Sicherheit neue Erkenntnisse über dich.

Doch Achtung: Vergiss bei dieser Übung nicht zu blinzeln, denn sonst wirkst du schnell wie ein Psychopath. Sollte dich jemand fragen, warum du ihn / sie so anstarrst, dann entgegne einfach, dass du ihn / sie für einen Freund / eine Freundin gehalten hast.

Eine mögliche Zusatzaufgabe:

Trainiere das Halten des Blickkontakts auch im persönlichen Gespräch. Da fällt es im Übrigen ja auch leichter, erst dann den Blick abzuwenden, nachdem der Gesprächspartner zuerst seinen Blick abgewendet hat.

➔ Übung Nr. 77: Fremde Personen anlächeln

Jetzt kannst du noch einen Schritt weiter gehen:

Stell weiterhin einen eindeutigen Blickkontakt mit fremden Personen her. Doch diesmal lächelst du sie gleichzeitig auch an.

Ein kurzer Blickkontakt mit einem ebenso kurzen Lächeln genügt bereits. Du willst ja nicht als irre gelten.

Wende auch diese Übung an Orten an, wo sich viele Menschen aufhalten und beende sie erst dann, wenn du mindestens 100 dir fremde Personen auf diese Weise angelächelt hast. Die jeweilige Person muss es natürlich bemerkt haben, dass du sie angelächelt hast, sonst zählt es nicht.

Diese Übung mag dir leicht erscheinen, wenn du nur hier im Buch darüber liest. Doch glaub mir: Leicht durchzuführen ist diese Übung keineswegs, wodurch du unter Umständen dazu geneigt sein könntest, sie einfach auszulassen und an anderer Stelle des Buches weiterzumachen. Doch mach diesen Fehler bitte nicht. Diese Übung ist wirklich sehr lohnenswert. Setz sie also auch dann in die Tat um, wenn du auf Schwierigkeiten stoßen solltest. Es geht ja darum, dass du deine Komfortzone verlässt und sie somit Schritt für Schritt erweiterst. Also gibt es keine Ausrede dafür, diese Übung auszulassen!

➔ Übung Nr. 78: Fremde Personen ansprechen

Wie wär`s zur Abwechslung mal damit: Nimm dir vor, dass du eine Woche lang jeden Tag eine dir völlig fremde Person ansprichst. Das kann überall sein: im Supermarkt, in der U-Bahn, im Fitnessstudio oder im Kaffeehaus.

Komm einfach ganz zwanglos ins Gespräch mit einer dir fremden Person. Zum Beispiel könntest du als Einstieg eine Bemerkung über das Wetter machen. Oder frag einfach mal jemanden nach der Uhrzeit oder, ob er/sie etwas Kleingeld hat, um eine Banknote wechseln zu können. Such dir anfangs vor allem Personen aus, die auf dich nicht einschüchternd wirken. Sieh dich doch mal um: Wer wirkt auf dich einladend? Wer blickt freundlich drein? Genau diese Person solltest du ansprechen.

Es kommt bei dieser Übung nicht darauf an, über was du sprichst – und auch nicht wie lange. Die Hauptsache ist, dass du den ersten Schritt machst und ins Gespräch mit irgendjemandem kommst. Fang also klein an und mach zum Beispiel eine flüchtige Bemerkung über das Wetter. Nach und nach wird das Ansprechen natürlicher für dich. Und dann werden sich manchmal auch richtig schöne Gespräche daraus entwickeln. Doch sieh es locker und mach dir nicht zu viel Druck.

➔ Übung Nr. 79: Bewusst Fehler provozieren

Die meisten Menschen wollen um alles in der Welt Fehler vermeiden. Das trifft auf alle Bereiche des Lebens zu, egal ob es sich um den Job oder die Freizeit handelt – wir möchten nur ja keine Fehler begehen. Doch warum eigentlich? Ist es wirklich so schlimm, Fehler zu machen? Vom berühmten Automobilproduzenten Henry Ford stammt folgender Spruch:

„Unsere Fehlschläge sind oft erfolgreicher als unsere Erfolge."

Ich finde das hat was. Denn weißt du, was passiert, wenn du keine Fehler mehr machst? Du entwickelst dich nicht mehr weiter. Denn ohne Fehler lernst du irgendwann nichts mehr. Wer keine Fehler macht, der probiert auch nichts Neues. Wer keine Fehler mehr macht, bleibt ständig in seiner mickrigen Komfortzone und macht tagaus tagein immer dasselbe. Das kann`s ja nicht sein oder? Einem solchen Leben fehlt doch jegliche Würze.

Wenn du also neue Dinge ausprobierst (siehe Übung Nr. 75), dann mach dir schon von vornherein klar, dass du Fehler machen wirst. Betrachte Fehler als willkommenes Feedback und als Chance, in Zukunft noch besser sein zu können, da Fehler immer auch wichtige Lektionen lehren.

Wenn du dich in Zukunft also ertappst, dass du irgendetwas deshalb nicht tun möchtest, weil du dich vor Fehlern fürchtest, dann ruf dir sofort in Erinnerung, dass du nur durch Fehler richtig lernen und dich weiterentwickeln kannst und dass Fehler somit etwas Gutes und nicht etwas Schlechtes sind.

Überleg dir außerdem, welche Tätigkeiten und Situationen du in der Vergangenheit nur deswegen vermieden haben könntest, weil du Angst vor Fehlern hattest. Dir fallen doch sicher ein paar Beispiele ein, nicht wahr?

Überleg dir auch, was für Konsequenzen es gehabt hätte, wenn du es dennoch durchgezogen und dabei Fehler gemacht hättest.

Die Wahrscheinlichkeit ist groß, dass die Konsequenzen gar nicht so schlimm gewesen wären. Hab ich nicht Recht?

Hör also damit auf, ständig Fehler vermeiden zu wollen. Diese gehören zum Leben einfach dazu!

➔ Übung Nr. 80: Seine eigenen Schwächen offenbaren

Viele Menschen tragen kleinere oder auch größere Probleme mit sich herum. Sie haben Schwächen, mit denen sie nicht klar kommen und sie haben Ängste und Sorgen, die sie innerlich auffressen. Und was tun sie? Sie behalten alles für sich.

OK, nicht ganz: Manche jammern ständig über irgendwelche Belanglosigkeiten, oder, dass sie es so schwer haben im Leben. Dabei werden sie jedoch nur wenig konkret. Meist hört man nur, dass sie so gestresst sind, da sie ihre Arbeit dermaßen in Beschlag nimmt. Von ihren tieferliegenden Problemen erzählen sie aber niemandem.

Ich war lange Zeit auch so. Ich habe alles für mich behalten, da ich dachte, dass meine Probleme sowieso niemanden interessieren. Oder noch schlimmer: dass meine Probleme als lächerlich empfunden werden.

Ich habe also ständig irgendwelche Rollen gespielt. Wie ein Schauspieler habe ich mich verstellt, um nur ja keine Schwäche zu zeigen. Nach außen hin habe ich mich anders gegeben als ich im Inneren eigentlich war. Nie habe ich mir irgendetwas anmerken lassen. Niemand wusste, dass ich zutiefst unzufrieden war mit mir und meinem Leben.

Doch dann erfuhr ich, dass es um vieles besser wird, wenn man all seine Probleme, Ängste und Schwächen, die einen belasten, mit jemandem teilt.

Meine Befürchtungen haben sich auch keineswegs bewahrheitet. Jenen Personen, denen ich mich anvertraut habe, haben das, was ich ihnen erzählte, keineswegs ins Lächerliche gezogen. (Doch natürlich ist nicht jeder dafür geeignet, ihm oder ihr deine Lebensgeschichte zu erzählen. Vertrau einfach deiner Intuition. Unterbewusst weißt du ganz genau, wem du wie viel erzählen kannst über dich.)

Offenbare also einer Person deines Vertrauens deine Schwächen, Ängste und Sorgen. Du wirst sehen: Wenn du das machst, fühlst du dich mit einem Schlag deutlich befreiter.

Trau dich!

➔ Übung Nr. 81: Authentischer werden

Gerade für Menschen mit geringem Selbstvertrauen ist dies ein besonderes Problem: Sie glauben, sich ständig verstellen zu müssen, um besser vor ihren Mitmenschen dazustehen. Wenn sie sich nämlich nicht besser darstellen als sie in Wahrheit sind, dann glauben sie, nicht akzeptiert und geachtet zu werden von ihren Mitmenschen. Doch soll ich dir mal was verraten? Du wirst viel eher akzeptiert, wenn du dich nicht ständig verstellst, sondern eine eigene Meinung hast und diese auch klar nach außen kommunizierst.

Analysiere deshalb für einige Minuten dein Leben. Nimm dein Notizbuch zur Hand und schreibe auf, in welchen Situationen du dazu neigst, nicht du selbst zu sein. Wann stellst du dich anders dar, als du tatsächlich bist?

Wie schaut es privat aus? Spielst du auch deiner Familie etwas vor? Verstellst du dich vor deinen Freunden? Wann und warum hast du deiner Familie und deinen Freunden etwas vorgegaukelt, was gar nicht stimmte? Verschweigst du ihnen Dinge, die du ihnen schon lange mal erzählen wolltest? Warum hast du dich nicht getraut? Was hält dich davon ab, es ihnen zu erzählen?

Wie schaut es beruflich aus? Gerade dort sind wir ja ziemlich anfällig dafür, uns zu verstellen und uns als jemand auszugeben, der/die wir in Wahrheit gar nicht sind. In welchen Situationen im Beruf geht es dir so? Wieso traust du dich nicht, authentisch zu sein? Was würde passieren, wenn du dich nicht mehr verstellst?

Und die wichtigste Frage überhaupt:

Lebst du ein Leben, das du auf diese Art und Weise eigentlich gar nicht führen willst? Doch trotzdem änderst du nichts daran, weil du fürchtest, von anderen nicht mehr akzeptiert zu werden, wenn du dich nicht weiterhin verstellst?

Ich habe mich lange Zeit ständig verstellt und je nach Situation unterschiedliche Rollen gespielt. Daheim habe ich mich komplett anders verhalten als bei Freunden. Und am Arbeitsplatz bzw. an der Uni war ich natürlich ebenfalls eine gänzlich andere Person. Das habe ich getan, um möglichst von allen Mitmenschen in meiner Umgebung akzeptiert und vor allem respektiert zu werden.

Doch weißt du, was über kurz oder lang passiert, wenn du so handelst? Genau das Gegenteil ist der Fall. Viele glauben dann, dass sie dich herumschubsen können, weil sie erkennen, dass du zu wenig Selbstvertrauen hast, um dich mal auf die Füße zu stellen und dich so zu geben, wie du wirklich bist.

Irgendwann habe ich dann versucht, mich authentischer zu geben. Ich habe nicht zu allem Ja und Amen gesagt und habe mich auch dann und wann gegen die allgemeine Meinung der Gruppe gestellt. Und siehe da: auf einmal wurde ich respektiert.

Natürlich ist ein bisschen Verstellen vor allem im beruflichen Kontext von Nöten. Du kannst dich vor Kunden und Kollegen nicht so geben wie daheim. Und auch sonst musst du immer mal wieder Kompromisse machen. Immer kann man eben nicht mit dem Kopf durch die Wand. Trotzdem: Wenn du an geringem Selbstvertrauen leidest, dann solltest du zumindest öfter mal versuchen, dich authentischer zu geben, eine eigene

Meinung zu haben und sie auch zu vertreten und auch mal gegen den Trend zu schwimmen. Das steigert über kurz oder lang dein Selbstvertrauen und deine Lebensqualität beträchtlich.

Eine mögliche Zusatzaufgabe:

Wähle noch heute eine Situation aus, in der du dich häufig verstellst. Welche Situationen das sind, hast du ja durch die Beantwortung der obigen Fragen herausgefunden. Überleg dir genau, wie du dich stattdessen in dieser Situation verhalten solltest.

Stell dir die Situation vor deinem geistigen Auge vor. Wie willst du dich in Zukunft verhalten? Wie könnten andere darauf reagieren? Visualisiere die Situation so oft, bis du ein gutes Gefühl dabei hast. Handle dann genau so, wenn du dich tatsächlich in dieser Situation wiederfindest! Lebe dein Leben – nicht das von jemand anderem!

➔ Übung Nr. 82: Vorschläge machen und Dinge einfordern

Kennst du das? Du bist mit deinen Freunden zusammen und es kommt die Frage auf, in welches Restaurant man denn heute gehen soll. Zur Auswahl stehen das Chinarestaurant, die Sushi-Bar, die Pizzeria und das neue vegetarische Restaurant. Doch deine Reaktion (oder besser gesagt Nichtreaktion) ist immer dieselbe. Du lässt die anderen entscheiden. Wie wär`s also zur Abwechslung mal damit:

Nimm eine Woche lang das Zepter in die Hand. Wenn irgendeine Entscheidung zu treffen ist – egal ob beruflich oder privat – dann mach einen konkreten Vorschlag. Wenn also das nächste Mal die Frage im Raum steht, in welches Restaurant man heute gehen soll, dann schlag ein solches Restaurant vor und warte nicht darauf, dass jemand anderer Vorschläge macht. Es kommt übrigens nicht darauf an, dass dein Vorschlag befolgt wird. Was in diesen Situationen zählt, ist, dass auch du welche machst und nicht immer nur die anderen.

➔ Übung Nr. 83: NEIN-Sagen lernen

Fällt es dir auch so schwer, Nein zu sagen und Dinge abzulehnen?

Wenn ja, dann benimm dich mal zwei Tage lang wie ein Kleinkind und sage zu allem NEIN. Triff keine bewusste Auswahl, sondern sag jeder Bitte ab, die jemand an dich heranträgt (mit einigen kleinen Ausnahmen natürlich, beispielsweise wenn dein Job davon abhängt). Sag einfach, dass es dir leid tut, aber du hast einfach heute keine Zeit bzw. Lust dazu. Das wird reichen.

Solltest du es allerdings mit manipulativen Aufhalsern zu tun haben, die einfach nicht locker lassen, dann schlag eine Lösung vor und sag, dass es dir leid tut, dass du in dieser Sache nicht behilflicher sein kannst. Lass dich aber nicht um den kleinen Finger wickeln. Bleib konsequent!

Das Ziel dieser Übung ist nicht, ein bestimmtes Ergebnis zu erzielen und deinen Erfolg im Leben damit unmittelbar zu steigern. Es geht vielmehr darum, dass du überhaupt mal lernst, NEIN zu sagen. Denn genau das fällt den meisten von uns irrsinnig schwer – vor allem, wenn wir über ein schwach ausgeprägtes Selbstvertrauen verfügen.

Nein-Sagen zu können, ist eine wichtige Fähigkeit, denn sie spart uns Zeit und Energie, die wir womöglich besser nutzen könnten. Ja-Sagen bedeutet nämlich kostbare Zeit investieren zu müssen – oftmals für Dinge, die wir gar nicht tun möchten. Und das ist besonders schlimm. Trotzdem fällt uns das Nein-Sagen oft unglaublich schwer. Ein JA vermeidet hingegen, dass wir andere um uns herum enttäuschen. Doch wenn wir zu oft Ja zu allem sagen, dann führt dies unter Umständen dazu, dass wir von anderen nur ausgenutzt werden. Durchbrich also besser diesen Teufelskreis!

➔ Übung Nr. 84: Psychotherapie und Coaching

Es herrschen leider immer noch eine Menge Vorurteile in Bezug auf die Psychotherapie. Viele glauben, dass nur stark Depressive bzw. psychisch schwer kranke Personen eine solche Therapie in Anspruch nehmen sollten. Doch das ist völliger Schwachsinn. Es stimmt natürlich, dass Personen mit schweren psychischen Problemen Hilfe aufsuchen sollten. Doch eine Psychotherapie kann auch bei Unzufriedenheit, depressiven Verstimmungen und bei Problemen im Sozialverhalten helfen – und nicht zuletzt auch bei mangelndem Selbstvertrauen.

Es gibt sehr viele Arten der Psychotherapie, wie zum Beispiel die Psychoanalyse, die Verhaltenstherapie, sowie kognitive, medikamentöse und humanistische Therapien. Wenn du bloß an mangelndem Selbstvertrauen leidest, dann eignet sich unter anderem der humanistische Ansatz wunderbar dazu, um es zu stärken. Dieser Ansatz betont nämlich die Fähigkeit des Menschen, sich persönlich weiterentwickeln zu können. Man geht dabei davon aus, dass jede Person die angeborene Tendenz hat, sich in eine positive Richtung zu entwickeln – und zwar mit dem Ziel der persönlichen Selbstverwirklichung. Therapeuten humanistischer Therapierichtungen helfen dem Klienten also, seine Ziele im Leben zu erreichen, selbstbewusster durchs Leben zu gehen und sich selbst zu verwirklichen.

Ein Beispiel humanistischer Therapien ist die Gestalttherapie, in der man nicht von Patienten spricht, sondern von Klienten. Dies drückt aus, dass Therapeut und Klient auf Augenhöhe sind. Der Psychotherapeut wird als vertrauensvoller Partner gesehen. Somit drücken Gestalttherapeuten ihren Klienten nicht einen Stempel in Form einer Diagnose auf und leiten sie dazu an, dieses und jenes zu tun (wie man es sich landläufig vorstellt, wenn man von Psychotherapie spricht). Ganz und gar nicht: Der Gestalttherapeut versucht, das, was er sieht, hört und spürt, zu beschreiben und dem Klienten rückzumelden.

Einer der ersten Schritte ist jener, dass man lernt, sich und die Situation, in der man ist, zu akzeptieren. Gestalttherapie knüpft nämlich an die paradoxe Theorie der Veränderung an: Wir fangen erst an, uns zu verändern, wenn wir erkennen und akzeptieren, wie wir sind. Denn: Nur das, was in einem ersten Schritt ohne negative Bewertung aufmerksam betrachtet und erforscht wird, kann sich später auch ändern. Findet hingegen eine negative Bewertung statt, dann fokussiert man sich nur auf das Problem bzw. versucht es zu verdrängen. Eine Veränderung ist somit ausgeschlossen.

In einem weiteren Schritt geht es darum, sich selbst zu verwirklichen. Laut dem Gestalttherapeuten Arnold R. Beisser geschieht Veränderung dann, wenn jemand wird, was er ist, nicht wenn er versucht, etwas zu werden, das er nicht ist. Damit ist gemeint, dass wir endlich werden sollen, der/die wir tief im Innern eigentlich sind. Denn meist ist es so, dass wir ständig irgendwelche Rollen im Leben spielen. Wir verstellen uns und versuchen, anderen zu gefallen. Dieses Streben führt dazu, dass wir nicht das Leben führen, das wir eigentlich führen möchten. Eine Psychotherapie (bzw. auch ein persönliches Coaching) kann dir dabei helfen, aus diesem Teufelskreis auszubrechen und das nötige Selbstvertrauen aufzubauen, um endlich das zu tun, was du wirklich tun willst im Leben.

Trau dich also und gib der Psychotherapie bzw. dem persönlichen Coaching eine Chance, falls du an sehr geringem Selbstvertrauen und an mangelnder Selbstakzeptanz leiden solltest. Das ist absolut keine Schande, sondern eigentlich ganz normal. Vielen geht es ähnlich wie dir.

➔ Übung Nr. 85: Einer ehrenamtlichen Tätigkeit nachgehen

Von einer ehrenamtlichen Tätigkeit profitieren nicht nur diejenigen, denen geholfen wird. Auch der / die selbstlos Tätige profitiert ungemein von einer ehrenamtlichen Tätigkeit. Anderen zu helfen und etwas für das Gemeinwohl zu tun bringt tiefe Befriedigung, da eine solche Tätigkeit meist großen Nutzen stiftet und dem Leben neuen Sinn geben kann. In der Folge hat eine ehrenamtliche Tätigkeit nicht selten positive Auswirkungen auf das Selbstvertrauen. Der körperliche Einsatz ist zwar oftmals hoch, doch man bekommt dies meist hundertfach zurück – durch neue Kontakte und das Gefühl, etwas Sinnvolles für andere getan zu haben.

Überleg also mal, ob eine ehrenamtliche Tätigkeit etwas für dich sein könnte. Kannst du einige Stunden im Monat oder gar in der Woche opfern, um dich für eine gute Sache zu engagieren?

Erkundige dich doch mal über die Möglichkeiten, die du in deiner Stadt oder Region hast, um dich ehrenamtlich zu betätigen. Es muss ja nicht immer bloß die freiwillige Feuerwehr oder der Rettungsdienst sein. Es gibt mit Sicherheit auch andere Möglichkeiten sich zu engagieren. Recherchiere als erstes mal ein bisschen im Internet.

Kapitel 8

...

Für die richtigen Rahmenbedingungen sorgen

Wir sind nun im letzten Kapitel des Buches angelangt. Es geht hier darum, die richtigen Rahmenbedingungen zu schaffen, damit du langfristig dein Selbstvertrauen auf hohem Niveau stabilisieren kannst.

Es geht um Dinge wie Körperhaltung, Ernährung und Sport. Aber auch darum, deine täglichen Gewohnheiten zu überdenken und dich besser zu organisieren. Schlussendlich findest du in diesem Kapitel auch einige Tipps, um leichter Freunde zu gewinnen.

☺

➔ Übung Nr. 86: JA-Sagen zum Anderssein

Bronnie Ware arbeitete viele Jahre lang als Krankenschwester an einer Palliativstation eines australischen Krankenhauses. Dabei begleitete sie viele todkranke Menschen in den letzten Monaten ihres Lebens. Mit einigen von ihnen hat sie über jene Dinge gesprochen, die sie bereuten in ihrem Leben *nicht* getan zu haben. Insgesamt identifizierte Bronnie Ware fünf solcher unerfüllter Wünsche, die von den Patienten besonders häufig genannt wurden. Auf Platz 1 stand dabei: „Ich wünschte, ich hätte den Mut aufgebracht, ein Leben getreu mir selbst zu führen – anstatt eines, das andere von mir erwarten.“

Das gibt einem doch zu denken, oder?

Wie stark hast du selbst bislang das getan, was von dir erwartet wurde? Welche für dich bedeutsamen Dinge hast du hingegen aus eigenem Entschluss getan?

Zwei Fragen, die wehtun können, weil man dabei oft genug erkennen muss, dass man nicht sein eigenes Leben lebt, sondern das von anderen. Man macht genau das, was Freunde, Verwandte und die Gesellschaft von einem erwarten.

Doch willst du irgendwann auch am Sterbebett liegen und bedauern, dass du nicht das getan hast, was du wolltest? Wenn du ein Leben getreu dir selbst leben willst, dann sag JA zum Anderssein. Versprich dir jetzt gleich, dass du in Zukunft so leben willst, wie du es für richtig hältst. Das Leben ist viel zu kurz um nicht das zu tun, was man tun möchte.

Aber Vorsicht: Ein solches Verhalten wird auf großes Unverständnis in deinem Umfeld stoßen. Es ist in unserer Gesellschaft alles andere als üblich, eine eigene Meinung zu haben, diese lauthals zu verkünden und auch noch getreu dieser Einstellung zu leben. Es gilt oft bereits als äußerst verdächtig, wenn man beispielsweise als Frau keine Kinder haben möchte oder sich mit über 30 Jahren in den Kopf setzt, mit dem Studieren anzufangen. Selbst einen Job zu kündigen, der sicher scheint, aber einem selbst alle Lebensenergie raubt, ist fast schon ein Verbrechen in den Augen anderer. Erwarte also keine Unterstützung von deinem

Umfeld – lebe jedoch trotz allem dein eigenes Leben. Unter Umständen musst du dich fragen, ob du dich noch mit den richtigen Leuten umgibst (siehe Übung Nr. 94).

Mal ganz ehrlich: Diese Aufgabe ist wohl die schwierigste im ganzen Buch. Vielleicht aber auch die wichtigste. Wenn du nie anfängst dein wahres Leben zu leben, dann wirst du auch nie richtiges Selbstvertrauen aufbauen können. Doch natürlich ist das schwer. Ich hadere selbst noch oft genug damit, aber ich bemühe mich und bin auf einem guten Weg. Mach es mir nach und beginne noch heute damit, die Weichen für ein selbstbestimmtes Leben zu stellen. Du musst ja nicht von einem Tag auf den anderen alles in deinem Leben ändern. Lass dir Zeit und passe deinen Lebensstil Schritt für Schritt deinen Wünschen an. Dann kann sich auch dein Umfeld besser an die Veränderung gewöhnen.

Frag dich jetzt gleich was du alles an deinem Leben verändern solltest, um dir selbst treu zu bleiben und das zu tun, was du willst und dir von einem guten und sinnvollen Leben erwartest. Hierzu kannst du wunderbar die Antworten aus dem Kapitel 5 – vor allem zu den Übungen 44 und 45 – zu Rate ziehen.

Mach dies wie immer schriftlich in deinem Notizbuch und lass dir dafür ausreichend Zeit. Entscheide auch, welchen Schritt du als erstes setzen wirst und setze diesen ersten Schritt innerhalb von 48 Stunden in die Tat um!

➔ Übung Nr. 87: Gesteigertes Selbstvertrauen sichtbar werden lassen

Wenn wir uns minderwertig fühlen und uns selbst nicht so recht akzeptieren können wie wir sind, dann scheren wir uns oft nicht viel um unser Äußeres. Unser Äußeres ist nämlich meist ein Spiegelbild unseres Inneren.

Doch der umgekehrte Fall gilt auch: Du kannst allein schon dadurch, dass du mehr auf dich Wert legst, dich pflegst und auf dein Äußeres achtest, dein Selbstvertrauen stärken. Es gilt: Wie innen so außen und wie außen so innen ☺.

Nimm also dein Äußeres mal genauer unter die Lupe. Passt deine Kleidung noch zu dir und deinem neu gewonnenen Selbstvertrauen? Was passt alles nicht mehr zu dir? Welche Kleidungsstücke willst du dir deshalb neu anschaffen? Was willst du sonst an deinem Äußeren verändern? Ist es womöglich Zeit für eine neue Frisur?

Beginne damit, dein Plus an Selbstvertrauen nach außen hin sichtbar werden zu lassen. Doch passe dabei nicht nur dein Erscheinungsbild an. Auch deine Umgebung bedarf vielleicht eines Neuanstrichs. Nimm also ruhig dein Eigenheim und dein Büro unter die Lupe und entscheide, was noch zu dir passt und was nicht. Sortiere alles aus, was dein früheres an Selbstakzeptanz mangelndes Ich widerspiegelt. Diese Dinge haben keinen Platz mehr in deinem Leben.

Achte bei diesen Entscheidungen ganz auf deine Gefühle. Welche Gegenstände und Kleidungsstücke fühlen sich gut für dich an? Welche möchtest du vom Gefühl her loswerden und durch neue Sachen ersetzen?

Hab keine Angst davor gewisse Dinge auszusortieren und wegzugeben bzw. sogar wegzuwerfen. Du brauchst sie ohnehin nicht mehr. Wieso solltest du dich mit Dingen abgeben, die dir keine Freude mehr bereiten oder sogar für ein schlechtes Gefühl sorgen? Das ist doch unlogisch.

➔ Übung Nr. 88: Die eigene Körperhaltung verbessern

Ich selbst übe bereits seit vielen Jahren eine chinesische Kampfkunst aus. Dabei beschäftigen wir uns viel mit möglichst realistischer Selbstverteidigung. Im Zuge dessen habe ich auch Personen kennengelernt bzw. von Personen gehört, die in Berufen arbeiten, welche häufig mit körperlichen Auseinandersetzungen zu tun haben, wie zum Beispiel der Beruf als Türsteher. Diese berichten immer wieder, dass vor allem die eigene Ausstrahlung dafür verantwortlich ist, ob man als Opfer ausgesucht wird oder nicht. Das Paradoxe einer jahrelangen Ausübung einer Kampfkunst und von jahrelangem Selbstverteidigungstraining ist, dass man höchstwahrscheinlich sowieso keine körperliche Konfrontation fürchten muss. Nicht, weil man sich bereits so gut verteidigen kann, sondern weil man nicht mehr angegriffen und somit nicht mehr als Opfer gesehen wird. Durch dieses jahrelange Training verändert sich die ganze Ausstrahlung. Man gewinnt neues Selbstvertrauen und wird viel selbstbewusster. Und das erkennen auch potentielle Schläger und Raufbolde.

Die Ausstrahlung hat nämlich viel zu tun mit der eigenen Körpersprache, mit Mimik und Gestik. Vor allem aber hat Ausstrahlung zu tun mit der eigenen Körperhaltung. Und das Beste dabei: Es kommt zu einem sich selbst verstärkenden Effekt. Verbessert man die Körperhaltung, dann stärkt dies automatisch auch das Selbstvertrauen und man wird noch selbstbewusster als man nicht ohnehin schon ist. Umgekehrt kratzt eine miese und zusammengesunkene Körperhaltung noch mehr am eigenen Selbstvertrauen.

Somit solltest du unbedingt über deine eigene Körperhaltung nachdenken und sie ständig überprüfen. Sitzt du wieder einmal mit gekrümmten Schultern auf dem Stuhl oder drückst du selbstbewusst die Brust heraus und sitzt aufrecht da?

Schenke deiner Haltung mindestens eine Woche lang mehrmals täglich größte Aufmerksamkeit. Kontrolliere deine Haltung in allen möglichen Situationen. Wie sitzt du daheim vor dem Computer? Wie sitzt du an deinem Arbeitsplatz vor dem Computer? Welche Position nimmst du beim Autofahren ein und wie sitzt du da, wenn du mit jemand anderem mitfährst? Sitzt du auch im Bus und in der U-Bahn aufrecht oder jedes Mal zusammengekauert? Wie ist dein Gang? Gehst du aufrecht und selbstbewusst oder zusammengesunken und mit deinen Händen in der Hosentasche? Achte mal eine Woche lang ganz genau auf deine Haltung und mach dir regelmäßig Notizen dazu. Findest du es in Ordnung wie deine Haltung ist oder solltest du etwas daran verbessern? In welchen Situationen solltest du speziell noch etwas ändern?

Eine mögliche Zusatzaufgabe:

Es gibt unzählige Möglichkeiten um ganz allgemein deine Haltung und dein Körperbewusstsein zu verbessern. Unter anderem könntest du ja mal einen speziellen Kurs besuchen oder einem Verein beitreten. Nützlich hierfür sind unter anderem Yoga, Tai-Chi, Qigong bzw. ChiKung.

Letzteres praktiziere ich selbst einmal die Woche und es hat mir auch in puncto Körperhaltung bereits eine Menge gebracht. Aber auch diverse Sportarten wie Schwimmen oder Nordic Walking haben sicherlich großes Potential deine Haltung zu verbessern. Und gesund sind sie obendrein. Da es ja mittlerweile kein Problem mehr für dich sein sollte, neue Dinge auszuprobieren (siehe Übung Nr. 75) könntest du dich doch gleich mal im Internet darüber informieren, was es so in deiner Region für Möglichkeiten gibt um aktiv zu werden.

➔ Übung Nr. 89: Die Ernährung auf den Prüfstand stellen

Die lateinische Redewendung „Mens sana in corpore sano“ sagt eigentlich schon alles aus. Sie bedeutet übersetzt so viel wie „ein gesunder Geist wohnt in einem gesunden Körper“. Forschungen der letzten Jahrzehnte bestätigen den Wahrheitsgehalt dieser jahrtausendealten Redewendung. Man könnte also auch sagen: „Du bist was du isst“, um es etwas moderner auszudrücken.

Mach dir mal Gedanken darüber, was du den lieben langen Tag so alles in dich hineinstopfst. Was davon ist gesund und was nicht?

Wenn jeden Tag Fleisch auf deinem Speiseplan stehen sollte, du alle zwei Tage beim MacDonalds um die Ecke einkehrst, dir jedes Wochenende eine Pizza vom Italiener liefern lässt und Obst und Gemüse Fremdwörter für dich sind, dann wird es Zeit zu handeln. Wenn du dich nämlich schlecht ernährst, dann hat das negative Konsequenzen. Das wirkt sich nicht nur auf deinen Körper in Form überflüssiger Pfunde aus, sondern mindestens ebenso stark auf dein Wohlbefinden. Es beeinflusst deine Stimmung und in weiterer Folge sogar dein Selbstvertrauen.

Natürlich ist das hier kein Buch über richtige Ernährung. Doch ein paar schnelle Tipps möchte ich dir geben, die deine Ernährungsgewohnheiten mit einem Mal deutlich gesünder machen können. Setz sie nach Möglichkeit innerhalb der nächsten Woche um – es ist wirklich nicht allzu schwer:

- Iss täglich mindestens 5 Portionen Obst und Gemüse. Als Portion gilt ein Glas Obst- und Gemüsesaft oder ein Stück Obst wie zum Beispiel ein Apfel oder eine Banane. Sind die Früchte kleiner, dann bedarf es meist zwei oder drei Stück wie zum Beispiel bei Mandarinen oder Marillen. Bei Heidelbeeren oder Erdbeeren sollte es eine Handvoll sein, damit es als eine Portion gelten kann. Dasselbe gilt beim Gemüse.
- Trink ausreichend Wasser. 1,5 Liter sind das absolute Minimum und streng genommen schon zu wenig – zumindest dann, wenn du dich während des Tages viel bewegst (was du ja auch tun solltest, siehe nächste Übung). Besser sind da schon 2 bis 3 Liter über den Tag verteilt. Alkoholische Getränke zählen da nicht dazu, genauso wenig wie Kaffee oder Schwarztee.
- Getreide, Reis, Nudeln und Kartoffeln solltest du ebenfalls täglich essen. Achte darauf, dass zu Mittag mehr von diesen Lebensmitteln als Fleisch auf deinem Teller ist. Generell solltest du den Fleischkonsum eher reduzieren. Es schadet auch nicht, manche Tage ganz auf den Konsum von Fleisch zu verzichten und sich mal vegetarisch oder gar vegan zu ernähren.
- Iss Vollkornprodukte und vermeide weißes Brot. Natürlich musst du nicht auf deinen sonntäglichen Toast zum Frühstück verzichten. Doch jeden Tag solltest du das nicht zu dir nehmen.
- Schränke nach Möglichkeit fette Snacks, Süßspeisen und sehr salzige Speisen ein. Auch hier gilt: Du musst nicht generell darauf verzichten. Aber jeden Tag solltest du kein Riesenstück Schwarzwälderkirschtorte verzehren.

Das war`s auch schon mit den Ernährungstipps. Wenn du diese fünf Punkte allesamt umsetzt, dann machst du schon 80 Prozent richtig. Du wirst sehen: Das macht einen riesen Unterschied für dein körperliches und seelisches Wohlbefinden. Setze diese Tipps also allesamt um – und zwar innerhalb der nächsten 7 Tage!

➔ Übung Nr. 90: Regelmäßig Sport treiben

Sport ist gesund. Das weiß heutzutage jedes Kind. Doch was viele nicht wissen: Sport ist nicht nur für den Körper gesund. Sport hält auch geistig fit. Sport wirkt sich auf nahezu jeden Teil von Körper, Geist und Seele aus und sollte deshalb regelmäßig ausgeübt werden. Wenn du das bis jetzt noch nicht tust, dann fang am besten noch heute damit an. Solltest du jetzt die Ausrede haben, dass du eigentlich keine Zeit hast um regelmäßig Sport zu treiben, dann bedenke, dass der durchschnittliche Erwachsene im deutschsprachigen Raum pro Tag über 3 Stunden vor dem Fernseher hockt. Da wirst du doch dann und wann eine oder gar nur eine halbe Stunde deiner Zeit für den Sport abzweigen können. Oder etwa nicht?

Hier habe ich außerdem ein paar Tipps für dich, um ohne viel Aufwand deutlich aktiver zu werden:

- Nutze Alltagsaktivitäten: Es muss ja nicht immer gleich Sport sein um sich zu bewegen. Auch Gartenarbeit bedeutet mehr Bewegung als vor dem Fernseher zu sitzen und man ist noch dazu in der frischen Luft und verbrennt dabei zusätzliche Kalorien. Wieso benutzt du auf dem Weg zu deinem Arbeitsplatz nicht mal die Treppe statt den Lift? Und wieso gehst du nicht mal einen Kilometer zu Fuß anstatt das Auto direkt vor der Haustüre zu parken?
- Trainiere mit anderen gemeinsam: Wenn man mit jemand anderem gemeinsam trainiert, dann ist man viel eher motiviert bei der Stange zu bleiben. Hast du mal keinen Bock auf Training, dann kann einem der / die Trainingspartner/in dazu motivieren doch hinzugehen. Man will ihn / sie ja schließlich nicht hängen lassen.
- Wähle Sportarten, bei denen du dich wohlfühlst: Wähle zum Beispiel im Fitnessstudio nicht deshalb das Laufband, nur weil du gehört hast, dass es effektiver sein soll und mehr Kalorien verbrennt als zum Beispiel der Fahrradergometer. Du sollst dich damit wohlfühlen und bei der Stange bleiben. Und das tust du langfristig nur, wenn du dabei nicht jede Sekunde einzeln zählst, bis dieses Training endlich zu Ende ist. Und nur weil dein Nachbar so auf das Laufen im Freien schwört, muss das für dich längst nicht das richtige sein. Vielleicht ist Inlineskating oder

Nordic Walking eher etwas für dich? Vielleicht solltest du es auch mal mit einer Yoga- oder Pilatesklasse versuchen?

Doch der wichtigste Tipp ist folgender:

Werde noch diese Woche aktiv und verschiebe den Trainingsbeginn nicht noch weiter in die Zukunft!

Sport hat so viele positive Auswirkungen auf Geist und Körper, dass du einen großen Fehler machen würdest, wenn du nicht zumindest zwei- bis dreimal die Woche aktiv wirst. Doch Achtung: Übertreibe nicht! Fang besser mit einer halben Stunde Laufen an – oder gar nur mit einer Viertelstunde. Was bringt es schon, wenn du zum ersten Mal Joggen gehst und dich gleich zwingst, eine volle Stunde durchzuhalten und dann eine Woche lang einen so starken Muskelkater hast, der dich an eine weitere sportliche Betätigung nicht denken lässt?

➔ Übung Nr. 91: Alte Gewohnheiten hinterfragen

Im Prinzip sind Gewohnheiten ja eine feine Sache. Denn stell dir mal vor, du müsstest von jetzt an alles bewusst entscheiden – inklusive das Atmen, das Setzen eines Fußes vor den anderen beim Gehen, der Griff zur Türklinke, etc… Das wäre unvorstellbar.

Und genau deshalb gibt es Gewohnheiten. Sie befähigen unser Gehirn dazu, eine Menge Energie zu sparen. Das Gehirn sucht nämlich ständig nach Möglichkeiten, um nur ja nicht zu viel Energie zu verbrauchen. Würde unser Gehirn das nicht tun, dann würde es uns bereits schwerfallen, die einfachsten Dinge im Leben zu verrichten. Wir wären dann auch nicht mehr in der Lage uns weiterzuentwickeln, weil wir bereits mit den alltäglichsten Dingen vollends ausgelastet – wenn nicht sogar überfordert – wären.

Gewohnheiten sind also durchaus wichtig. Allerdings haben sie auch eine große Macht, die sich negativ auswirken könnte. Es gibt nämlich nicht nur gute Gewohnheiten, sondern auch schlechte. Es ist für unser Gehirn leider genauso einfach, sich negative Gewohnheiten anzugewöhnen wie gute. Doch schlechte Gewohnheiten führen dazu, dass wir oftmals auf der Stelle treten und unfähig werden, auch nur die einfachsten Ziele im Leben zu erreichen. Zudem nagen schlechte Gewohnheiten mit der Zeit stark an unserem Selbstvertrauen – vor allem dann, wenn du dir immer wieder Ziele setzt und diese aufgrund schlechter Angewohnheiten nicht und nicht erreichst, so sehr du dich auch anstrengst.

Und schlimmer noch: Dies alles ist ein wahrer Teufelskreislauf! Wenn dein Selbstvertrauen immer schwächer wird, dann traust du dir immer weniger zu. Also ist die Wahrscheinlichkeit groß, dass du auch deine nächsten Ziele nicht erreichen wirst, da du ja auch nicht mehr an dich und deine Fähigkeiten glaubst.

Die Frage ist deshalb: Was kannst du tun um schlechte Gewohnheiten loszuwerden und somit diesem Teufelskreislauf zu entrinnen?

Auch wenn es oftmals schwer zu glauben ist, aber Veränderung ist möglich. Das kann ich dir aus eigener Erfahrung sagen. Auch ich habe es geschafft, alte Gewohnheiten loszuwerden und neue zu entwickeln. Fang am besten mal mit diesen fünf Schritten an, um alte Angewohnheiten zu hinterfragen:

Schritt 1: Konzentriere dich auf die wichtigsten Angewohnheiten

Notiere dir als erstes all jene Gewohnheiten, die du ändern möchtest. So wie du bei der Verfolgung deiner Ziele nichts übertreiben solltest (siehe Übung Nr. 72), so solltest du auch mit der Änderung von Gewohnheiten verfahren. Konzentriere dich also nur auf jene schlechten Gewohnheiten, die deinem wichtigsten Ziel im Weg stehen. All die anderen Gewohnheiten kannst du später noch in Angriff nehmen.

Mach das Ganze wie immer schriftlich. Notier dir alle Gewohnheiten, die dich am meisten stören und dich davon abhalten, deine Ziele im Leben zu erreichen.

Schritt 2: Mach dir die Konsequenzen einer Beibehaltung bewusst

Als nächstes wird es Zeit, dass du dir klar machst, was die Beibehaltung deiner schlechten Gewohnheiten für dein weiteres Leben bedeuten würde. Stell dir dazu systematisch die folgenden Fragen für jede einzelne negative Angewohnheit, die du ebenfalls schriftlich in deinem Notizbuch beantworten kannst:

Was hat die Beibehaltung dieser schlechten Gewohnheit für Konsequenzen? Welche Ziele werde ich dadurch wahrscheinlich nie erreichen? Zu welchen Misserfolgen würde das führen?

Was empfinde ich bei der Vorstellung, dass ich meine Ziele nicht erreiche und mein weiteres Leben von einer Reihe von Misserfolgen überschattet ist – nur, weil ich an diesen schlechten Gewohnheiten weiterhin festhalte? Ist diese Vorstellung womöglich schon Grund genug, um etwas zu verändern?

Schritt 3: Vermeide Versuchungen

Ich würde dir wirklich raten, alle Versuchungen zu vermeiden, die dazu führen, dass du einer schlechten Gewohnheit nachgehst. Wenn du zum Beispiel mit dem Rauchen aufhören willst, dann beginne damit, alle Aschenbecher im Haus und auch jenen auf der Terrasse zu entfernen, alle Zigaretten zu verschenken bzw. wegzuwerfen und beim Bummeln für die nächsten Tage jegliche Trafik zu meiden. Wenn es nötig ist, dann geh lieber einen Umweg, falls sich auf der Strecke eine Trafik befinden sollte. Vielleicht solltest du auch den Kontakt mit starken Rauchern in nächster Zeit einschränken – so lange eben, bis du den Großteil deiner körperlichen Sucht überwunden hast.

Schritt 4: Hol dir Unterstützung

Was auch immer die Gewohnheit ist, die du ändern möchtest – zu zweit oder in der Gruppe geht vieles leichter. Genauso wie es richtig ist, den Kontakt mit Leuten zu meiden, die dich vom Ändern deiner Gewohnheiten abhalten könnten, ist es wichtig, dir Gleichgesinnte zu suchen, die dasselbe Problem haben wie du und ebenfalls etwas dagegen unternehmen möchten.

Schritt 5: Sorge für schlechte Gefühle

Es mag sein, dass die bisherigen Schritte bereits dazu führen, dass du so manche schlechte Gewohnheit aufgibst. Zumindest führen sie aber dazu, dass du sie reduzierst. Denn meist müssen wir uns noch stärker anstrengen um etwas aufzugeben. Schließlich haben sich diese Gewohnheiten auch über viele Jahre hindurch etabliert.

Rufe dir deshalb jedesmal, wenn du in eine alte Gewohnheit zurückverfällst, in Erinnerung, was dies für deinen zukünftigen Erfolg im Leben bedeutet. Mach dir also bei jedem Mal die Konsequenzen einer Beibehaltung bewusst. Wenn du dein Notizbuch zur Hand hast, dann lies dir deine Notizen aus Schritt 2 durch. Das dürfte schlechte Gefühle in dir auslösen. Die Wahrscheinlichkeit ist groß, dass du immer mehr diese schlechten Gefühle mit der Ausführung der gewohnheitsmäßigen Handlung in Verbindung bringst und du sie dir somit Schritt für Schritt abgewöhnst.

Und los geht`s! Nimm eine schlechte Gewohnheit in Angriff und führe alle fünf genannten Schritte nacheinander aus. Zeigen sie Wirkung?

<u>Doch Achtung:</u>

Um wirklich nachhaltig mit schlechten Gewohnheiten Schluss zu machen, solltest du an ihrer Stelle gute Gewohnheiten etablieren. Wie das geht, erfährst du in der nächsten Übung…

➔ Übung Nr. 92: Neue Gewohnheiten entwickeln

Positive Gewohnheiten zu entwickeln ist einer der effektivsten Wege, um all seine Ziele im Leben zu erreichen. Denn: Unsere Willenskraft (sprich unsere Selbstdisziplin) ist arg begrenzt. Die Willenskraft ist nämlich laut neuester Forschungen so etwas wie ein Muskel, der bei Benutzung ermüdet. Wenn wir allein durch unsere Willenskraft versuchen, unsere Ziele zu erreichen, dann werden wir aller Voraussicht nach scheitern. Die Durchführung gewohnheitsmäßiger Handlungen bedarf hingegen keinerlei willentlicher Anstrengung mehr. Somit ist es weitaus klüger, auf Gewohnheiten statt auf Selbstdisziplin zu setzen.

Doch wie entwickelt unser Gehirn neue Gewohnheiten?

Das Gehirn macht eine Handlung immer dann zur Gewohnheit, wenn wir uns während der Ausführung bzw. unmittelbar danach gut fühlen. Wenn es sich dabei um eine positive Gewohnheit handelt, die dafür sorgt, dass wir unseren Zielen Schritt für Schritt näher kommen, dann ist zwar alles in bester Ordnung. Oft fühlen wir uns aber gerade bei jenen Handlungen wohl, die nichts für die Erreichung unserer langfristigen Ziele beitragen – uns sogar oft von der Erreichung abhalten. Der Grund ist, dass die Handlung kurzfristig gut tut. Beispielsweise ist es im Moment oft angenehmer auf der Couch liegen zu bleiben, anstatt unsere Turnschuhe zu schnüren und laufen zu gehen – vor allem, wenn das Wetter draußen wieder einmal echt mies ist.

Doch egal ob es sich um die Entwicklung von guten oder schlechten Gewohnheiten handelt – das Gehirn geht jeweils in einer dreistufigen Schleife vor:

1. Zunächst sucht unser Gehirn ständig nach Auslösereizen, die eine Gewohnheit auslösen können. Dieser Auslösereiz sagt unserem Gehirn, welche Gewohnheit aktiviert werden soll. Dies führt sodann dazu, dass das Gehirn in einen automatischen Modus umschaltet.
2. Nun führen wir eine Routine aus, die sowohl körperlicher, als auch mentaler oder emotionaler Natur sein kann.
3. Zum Schluss folgt dann eine Belohnung, die unserem Gehirn hilft zu entscheiden, ob es sich lohnt, sich diese konkrete Schleife für die Zukunft zu merken oder nicht.

Ist die Belohnung groß genug, dann wird diese dreistufige Schleife immer mehr automatisiert. Der Auslösereiz und die Belohnung werden immer enger miteinander verzahnt, bis ein starkes Gefühl der Antizipation und des Verlangens entsteht. Am Ende entwickelt sich dann eine neue Gewohnheit. Damit wäre auch geklärt, was es braucht, damit eine bestimmte Handlung zur Gewohnheit wird. Es sind zwei Dinge: ein Auslösereiz und eine Belohnung.

So entwickelst du eine neue gute Gewohnheit:

Um eine neue gute Gewohnheit zu entwickeln, empfehle ich dir dringend, lieber auf Belohnungen statt auf Bestrafungen zu setzen. Wichtig ist aber gleichzeitig, dass du versuchst, deine schlechten

Gewohnheiten nach und nach abzulegen.

Um gute Gewohnheiten zu entwickeln empfiehlt es sich zudem, sich an dieser vorhin dargestellten dreistufigen Schleife zu orientieren:

Schritt 1: Die Routine

Wie wäre es damit: Du konzentrierst dich zum jetzigen Zeitpunkt mal lediglich auf eine einzige Gewohnheit, die du innerhalb der nächsten Wochen fest in deinen Tagesablauf integrieren wirst. Du konzentrierst dich so lange auf diese eine Tätigkeit, bis du sicher bist, dass du die Handlung vollautomatisch und ohne willentliche Anstrengung ausführst.

Doch übertreib dabei nichts: Die erste Gewohnheit, die du entwickeln willst, sollte möglichst klein sein. Wenn du es nämlich schaffst, dir etwas neu anzugewöhnen, dann gibt dies Selbstvertrauen und ein Gefühl der Selbstwirksamkeit. Dies führt dazu, dass du dir immer mehr zutraust. Dann können auch deine Gewohnheiten, die du neu entwickeln willst, mit der Zeit immer größer werden (was ebenfalls wieder neues Selbstvertrauen gibt).

Notier dir für die nächsten Minuten also mal einige Gewohnheiten, die dich deinen Zielen näher bringen würden und die du somit entwickeln könntest. Such dir eine aus, von der du glaubst, dass es dir nicht sonderlich schwer fallen wird, diese fest in deinen Tagesablauf zu verankern.

Schritt 2: Die Belohnung

Belohnungen sind so mächtig, weil sie unsere Gelüste befriedigen. Um herauszufinden, welches Verlangen bestimmte Gewohnheiten antreibt, ist es nützlich, mit verschiedenen Belohnungen zu experimentieren. Dieses Experimentieren mag allerdings einige Wochen in Anspruch nehmen – zumindest dort, wo nicht auf den ersten Blick offensichtlich ist, was eine geeignete Belohnung für eine bestimmte Routine sein könnte.

Nehmen wir als Beispiel das Ziel heran, abnehmen zu wollen. Womöglich hast du dir zu Beginn des Jahres das Ziel gesetzt, bis Jahresende 10 Kilo abzunehmen. Dazu musst du einerseits dem Drang widerstehen, dich jeden Tag nach Feierabend auf die Wohnzimmercouch sinken zu lassen, fernzusehen und eine Packung Chips zu verdrücken. Andererseits musst du eine neue Gewohnheit entwickeln – in diesem Falle die Gewohnheit, dreimal in der Woche ins Fitnessstudio zu gehen und dort sowohl Kraft- als auch Ausdauertraining zu absolvieren.

Die ersten paar Mal wird dies wahrscheinlich ohne Probleme klappen. Doch es wird mit jedem Mal schwieriger. Du brauchst also eine bestimmte Belohnung für all deine Mühen. Ansonsten bist du irgendwann nicht mehr ausreichend motiviert, regelmäßig den Gang ins Fitnessstudio anzutreten.

Eine mögliche Belohnung wäre natürlich der Gewichtsverlust, den du regelmäßig auf der Waage kontrollieren kannst. Dies als einzige Motivationsquelle zu sehen ist allerdings gefährlich. Zum einen schwankt allein schon dein Flüssigkeitshaushalt, wodurch du schnell mal ein Kilo verlieren bzw. auch schnell wieder zunehmen kannst – und zwar obwohl sich dein Körperfett kein Gramm verändert hat seit dem letzten Wiegen. Zum anderen gibt es immer mal wieder Rückschläge und Phasen, in denen nichts weitergeht – egal wie sehr du dich auch anstrengst.

Eine Möglichkeit wäre nun, gleich nach Ausführung der Routine aufzuschreiben, wieso es vorteilhaft für dich wäre, die jeweilige Handlung als neue Gewohnheit zu etablieren. Womöglich würdest du – um bei unserem Beispiel zu bleiben – mit einem Mal realisieren, dass dir der Sport ein gutes Gefühl aufgrund von Endorphinen und anderen Stoffen gibt, die dein Körper nach dem Training vermehrt freisetzt. Womöglich gibt dir das regelmäßige Ausdauertraining auch das gute Gefühl, immer fitter zu werden und endlich nicht mehr bei der kleinsten Anstrengung keuchen zu müssen. Auf einmal realisierst du, dass es nicht bloß der Gewichtsverlust ist, der das Training so wünschenswert macht. Du realisierst mit einem Mal, dass du dich besser fühlst als auf der Couch und, dass nur die ersten 10 Minuten Überwindung kosten, dir der Rest aber sogar Spaß macht.

Schritt 3: Der Auslösereiz

Das Schwierigste an dem Ganzen ist wohl, den Auslöser zu

identifizieren. Was könnte in dir die Routine auslösen, ins Fitnessstudio zu gehen anstatt es dir auf deiner Couch gemütlich zu machen? Und sag jetzt nicht, du machst das ganz einfach aufgrund deiner willentlichen Entscheidung. Unsere Willenskraft ist wie gesagt arg begrenzt. (Zugegeben, bei kleinen Handlungen mag es gehen, bei komplexeren Verhaltensweisen ist die Erfolgschance aber sehr gering.) Es gilt also, sich einen Auslösereiz zu überlegen und diesen fest zu etablieren.

Forscher haben festgestellt, dass es im Grunde nur fünf Kategorien von Auslösereizen gibt, die wir uns zur Entwicklung einer neuen Gewohnheit zu eigen machen können:

- Standort
- Zeitpunkt
- Emotionaler Zustand
- Andere Menschen
- Unmittelbar vorangehende Handlung

Beim Abnehmen als besonders effektiv erwiesen hat sich übrigens Kategorie Nr. 4: andere Menschen. Das könntest du dir also wunderbar zu Nutze machen, indem du beispielsweise einen Trainingspartner findest, oder dich für einen Aerobic-Kurs anmeldest, in dem viele andere Gleichgesinnte mitmachen. Du könntest aber auch eine Person deines Vertrauens – zum Beispiel deinen Partner oder deine Partnerin – darum bitten, dir Feuer unterm Hintern zu machen, wenn du wiedermal versucht bist, es dir vor dem Fernseher gemütlich zu machen.

Doch auch der Zeitpunkt könnte hierzu ein prima Auslösereiz werden. Zum Beispiel könntest du immer am selben Tag und zur selben Uhrzeit ins Fitnessstudio gehen.

Und auch die Angewöhnung einer unmittelbar vorangehenden Handlung, die weniger komplex als die tatsächlich zu entwickelnde Gewohnheit ist, wäre eine prima Methode. Es bedarf nämlich nicht viel Willenskraft, die Sporttasche zu schnappen und deine Trainingssachen bereit zu legen. Dies kann in Folge ein prima Auslösereiz sein, um dann tatsächlich ins Fitnessstudio zu fahren – und zwar ohne sonderliche willentliche Anstrengung.

Doch was auch immer in deinem speziellen Fall funktionieren mag:

Probier unterschiedliche Auslösereize aus. Irgendeiner funktioniert garantiert! Und ganz wichtig: Fang noch innerhalb der nächsten 48 Stunden mit der Entwicklung einer neuen Angewohnheit an. Verliere bitte keine Zeit mehr!

➔ Übung Nr. 93: Unerwünschte Gewohnheiten ändern

In den letzten beiden Übungen hast du erfahren, wie man schlechte Gewohnheiten loswerden kann und wie man andererseits gute Gewohnheiten entwickelt. Doch manchmal reichen diese Tipps nicht aus, um all das zu ändern, was man möchte. Es gibt nämlich Gewohnheiten, die so stark sind, dass es mehr braucht um sie loszuwerden. Vor allem trifft dies auf solche Handlungen zu, nach denen wir regelrecht süchtig sind. Das Rauchen ist ein gutes Beispiel dafür. Den Gedanken an das Aufhören aufzugeben ist aber auch keine gute Option, da wie du weißt jede erfolgreiche Änderung einer Gewohnheit ein gutes Gefühl gibt und dafür sorgt, dass wir uns mehr zutrauen. Somit steigt mit der Zeit auch unser Selbstvertrauen. Umgekehrt führt ein Scheitern dazu, dass wir uns immer weniger zutrauen und uns in unser Schicksal fügen. Und genau das sollte dir nicht passieren. (Doch keine Angst, ich habe eine Reihe von wirkungsvollen Tipps für dich, um auch mit hartnäckigen Gewohnheiten Schluss zu machen und sie durch neue zu ersetzen ☺)

Aus zahlreichen Forschungen geht hervor, dass es bei starken Gewohnheiten besser ist, nicht zu versuchen, diese los zu werden und an ihrer Stelle eine gänzlich andere zu entwickeln. Vielmehr sollte man eine neue Verhaltensweise annehmen, an deren Anfang und Ende etwas Vertrautes vorkommt. Eine wirklich starke Gewohnheit wird man nämlich nie gänzlich aus dem Gehirn verbannen können. Dies erklärt auch, wieso manche Raucher sich oft nach Jahren noch nach einer Zigarette sehnen, sobald jemand anderes raucht. Ein körperliches Verlangen kann das nicht sein. Eine körperliche Nikotinsucht dauert nämlich nur so lange, wie die chemische Substanz im Blutkreislauf zirkuliert – was nach etwa 100 Stunden nicht mehr der Fall ist. Doch das Gehirn sehnt sich immer noch danach, weil das Rauchen eine kurzfristige Belohnung bereithält, an die sich das Gehirn erinnert. Das ist auch der Grund, warum so viele selbst nach Jahren noch rückfällig werden können.

Doch wie kann man das vermeiden? Ganz einfach: Indem man den alten Auslösereiz beibehält und auch die alte Belohnung verabreicht, dazwischen aber eine neue Routine schafft. So gut wie jede Gewohnheit lässt sich nämlich ändern, sofern man nur den Auslösereiz und die Belohnung beibehält. Das funktioniert sogar bei den stärksten Angewohnheiten, die wir haben können. Ein Raucher / eine Raucherin – um bei vorigem Beispiel zu bleiben – kann oft nur dann mit dem Rauchen aufhören, wenn er/sie eine Aktivität findet, die die Zigarette ersetzt, sobald das Verlangen nach Nikotin ausgelöst wird.

Schritt 1: Die Auslösereize finden

Werde dir als erstes mal über deinen Auslösereiz klar (es können natürlich auch mehrere sein). Beim Rauchen zum Beispiel ist es oft so, dass wir in Gesellschaft anderer Menschen – beispielsweise im Kaffeehaus – mehr rauchen als daheim. Ein Auslösereiz kann auch sein, wenn du einen Aschenbecher im Blickfeld hast, oder dich in einem bestimmten Raum deines Hauses beziehungsweise auf der Terrasse aufhältst. Wie du seit der letzten Übung bereits weißt, gibt es Gott sei Dank nur fünf Kategorien an Auslösereizen, nämlich: der Standort, die Uhrzeit, dein emotionaler Zustand, andere Menschen und eine unmittelbar vorangehende Handlung.

Jedes Mal wenn du in nächster Zeit ein Verlangen nach einer Zigarette verspürst, solltest du dich daher folgende fünf Fragen stellen (und wenn möglich auch schriftlich beantworten):

- *Wo bin ich gerade?*
- *Wie spät ist es?*
- *Wie fühle ich mich?*
- *Wer ist sonst noch hier?*
- *Welche Handlung ging dem Verlangen voraus?*

Durch die Antworten auf diese Fragen wirst du mit der Zeit ein Muster erkennen, das dir genau verrät, was bei dir das Verlangen – zum Beispiel nach einer Zigarette – auslöst. Der erste Schritt zur Änderung der

Gewohnheit ist somit bereits getan.

Schritt 2: Die Belohnung identifizieren

Nun geht es darum, herauszufinden, was die Belohnung für dein Verhalten ist. Beginne am besten damit, verschiedene Belohnungen zu testen. Leg dir dazu verschiedene alternative Verhaltensweisen zurecht, die du statt dem Rauchen einer Zigarette ausführen könntest. Es ist dabei nicht so wichtig, was du tust. Es geht einzig und allein darum, verschiedene Hypothesen zu überprüfen, um herauszufinden, was dein Verhalten antreibt.

Schreib nach jeder alternativen Handlung deine Gedanken auf: *Wie fühlst du dich jetzt? Ist das Verlangen immer noch da?*

Wenn du das Verlangen immer noch spürst, dann lieferte die Verhaltensweise wohl nicht dieselbe Belohnung wie das Rauchen. Dann musst du noch etwas weiter experimentieren.

Zum Beispiel könntest du herausfinden, dass du oft deshalb rauchst, weil du mal eine kurze Pause von der Arbeit brauchst. Somit wäre in dieser Situation die Belohnung des Rauchens, dass du in der Pause was zu tun hast, und dir nicht vor deinen Kollegen beziehungsweise dir selbst blöd vorkommst, weil du ein paar Minuten am Schreibtisch sitzt ohne etwas Konkretes zu tun. In diesem Fall könnte ein kurzer Plausch mit einer Kollegin, der Gang zur Kaffeemaschine, kurze Dehnungsübungen, etc.. denselben Effekt bereithalten. Was es auch in deinem konkreten Fall ist – fang an zu experimentieren!

Schritt 3: Eine neue Routine entwickeln

Sobald du den Auslösereiz und die Belohnung identifiziert hast, kannst du erfolgreich die Routine ändern. Denn du weißt nun genau, was du konkret unternehmen musst, damit du das Verlangen umgehst und es auf andere, gesündere Weise befriedigst. Jedes Mal, wenn du also im Büro eine Pause brauchst, und mal wieder das Verlangen nach einer Zigarette verspürst, könntest du in den Aufenthaltsraum deines Unternehmens gehen und dich dort mit jemandem unterhalten oder dir einen Tee machen. Danach gehst du wieder an den Schreibtisch ohne eine Zigarette geraucht zu haben.

Schritt 4: Sich Unterstützung holen

Was auch immer die Gewohnheit ist, die du ändern möchtest – zu zweit oder in der Gruppe geht vieles leichter. Genauso wie es richtig ist, den Kontakt mit Leuten zu meiden, die dich vom Ändern deiner Gewohnheiten abhalten könnten, ist es wichtig, dir Gleichgesinnte zu suchen, die dasselbe Problem haben wie du und ebenfalls etwas dagegen unternehmen möchten.

Beispielsweise ist es laut zahlreicher Studien erwiesen, dass es jemandem viel leichter fällt, mit dem Rauchen aufzuhören, wenn der Partner/die Partnerin dies auch tut. In vielen Fällen vervielfacht sich sogar die Erfolgswahrscheinlichkeit. Und auch ein Rückfall in alte Gewohnheitsmuster ist unwahrscheinlicher.

➔ Übung Nr. 94: Sich mit den richtigen Leuten umgeben

Auch wenn sich dein Selbstvertrauen bereits etwas gebessert haben sollte, so gibt es leider etwas, das sehr häufig eine nachhaltige Veränderung verhindert. Ich spreche von all den Leuten, mit denen wir tagtäglich (oder zumindest in regelmäßigen Abständen) unsere Zeit verbringen. Was bringt es dir schon, wenn du dich zwar selbst ändern willst, aber deine Freunde (bzw. deine Familie) nicht wollen, dass du dich veränderst und sie alles daran setzen, dass alles beim Alten bleibt?

Meist wollen sie uns ja auch nichts Böses. Sie wissen es halt nicht besser. Sie glauben, dass sie dir damit sogar etwas Gutes tun, indem sie dich beispielsweise vor Enttäuschungen bewahren, da ja Veränderung immer auch ein gewisses Risiko in sich birgt.

Damit dich dieser Einfluss jedoch nicht davon abhält, dich und dein Selbstvertrauen weiterzuentwickeln, solltest du unbedingt die Initiative ergreifen und etwas dagegen unternehmen. Du hast dafür zwei Möglichkeiten:

Schritt 1: Erzähle ihnen von deinen Zielen

Da den meisten Einfluss auf uns unsere Familie und unsere engsten

Freunde ausüben, will und kann man oft nicht den Kontakt zu ihnen abbrechen und sich mit anderen Leuten umgeben.

Deshalb solltest du zuallererst den Kontakt mit ihnen suchen und ihnen von deinen Zielen erzählen. Sag ihnen, dass du dir mehr Unterstützung von ihnen erwartest. Zumindest musst du ihnen klar machen, dass dies dein lang gehegter Traum ist und sie dir und deinen Plänen doch wenigstens neutral gegenüberstehen sollen. Wenn sie dich schon nicht unterstützen, dann sollen sie doch wenigstens nicht alles in Frage stellen oder gar ins Lächerliche ziehen. Menschen, denen du wirklich etwas bedeutest, werden dies mit Sicherheit akzeptieren und sich danach richten (von möglichen kleineren Rückfällen mal abgesehen, auf die du sie unbedingt aufmerksam machen solltest).

Leider gibt es aber auch Menschen, denen man sagen kann, was man will – es ändert trotzdem nichts an ihrem Verhalten …

Schritt 2: Umgib dich mit den richtigen Leuten

Der Umgang, den wir pflegen, bestimmt zu einem nicht unwesentlichen Maß über unseren Erfolg oder Misserfolg im Leben. Wer sich mit Leuten umgibt, die ständig negative Stimmung verbreiten und dir ständig ihren Willen aufzwingen bzw. dich davon abbringen wollen, dich zu verändern, der wird nur schwer etwas erreichen im Leben. Der Aufbau eines starken Selbstvertrauens ist dann nur sehr schwer – oder gar nicht – möglich. Gibt es solche Leute in deinem Verwandten- und Bekanntenkreis, welche sich so verhalten und sich nicht ändern wollen bzw. ändern können, dann solltest du nach Möglichkeit den Kontakt zu ihnen einschränken.

Ja ich weiß, das ist oftmals echt schwierig – vor allem wenn es sich um Familienangehörige handelt. Deshalb habe ich auch nicht davon geschrieben, den Kontakt sofort abzubrechen. Aber einschränken solltest du ihn auf jeden Fall. Ansonsten wirst du ständig auf der Stelle treten und dich nie positiv weiterentwickeln. Die ganzen Übungen in diesem Buch wären umsonst.

Nimm dein Notizbuch zur Hand und richte mal deine Aufmerksamkeit auf deine sozialen Kontakte – vor allem auf jene Menschen, mit denen du fast jeden Tag oder zumindest jede Woche persönlichen Kontakt hast:

Wie fühlst du dich in Gegenwart dieser Menschen?

Wer hat einen negativen Einfluss auf dich?

Wer versucht dir ständig etwas vorzuschreiben und dir permanent seine/ihre Meinung aufzudrücken?

Wer ist dem Leben gegenüber negativ eingestellt und jammert ständig?

Welche Erkenntnisse geben dir diese Fragen? Und vor allem: Was wirst du jetzt tun? Du solltest nämlich unbedingt etwas tun! Du bist es dir und deinem Selbstvertrauen schuldig.

➔ Übung Nr. 95: Aufhören, sich ständig mit anderen zu vergleichen

Geht es dir auch oft so? Vergleichst du dich auch ständig mit anderen Leuten? Vor allem mit Leuten, die dir in bestimmten Dingen überlegen sind? Ich weiß ja nicht wie es dir geht, aber ich fühle mich danach meist schlecht und fange an, an mir zu zweifeln. Somit tue ich mir in puncto Selbstvertrauen sicher keinen Gefallen, wenn ich mich häufig mit anderen Leuten vergleiche. Jeder Vergleich ist ja auch Unsinn, denn wir sind allesamt einzigartig. Und jeder von uns besitzt Stärken, die andere nicht besitzen.

Leider kannst du dir nicht komplett abgewöhnen, dich mal wieder mit jemandem zu vergleichen. Du kannst aber die Art und Weise verändern, wie du damit umgehst. Du könntest zum Beispiel den Vergleich sofort hinterfragen, sobald du merkst, dass du das wieder einmal tust. Das ist meiner Meinung nach die beste Strategie um einem negativen Einfluss auf das eigene Selbstvertrauen zu entgehen.

Notiere dir erstmal typische Situationen, in denen du dich häufig mit anderen vergleichst.

Drei solcher Situationen reichen fürs erste aus. Visualisiere nun all diese Situationen kurz. Zieh dich an einen Platz zurück, an dem du ungestört bist und schließe die Augen:

Was genau denkst du in solchen Momenten, an denen du dich mit anderen vergleichst? Macht dieser Vergleich überhaupt einen Sinn oder vergleichst du Äpfel mit Birnen?

Wie geht der Vergleich für dich aus – gut oder eher schlecht?

In was bist du alles besser als diese Person? Du bist doch sicher in bestimmten Dingen besser, oder etwa nicht? Warum löst dann ein Vergleich so viele negative Gefühle in dir aus?

Doch dieses Visualisieren ist nur die halbe Miete. Solltest du wirklich wieder in eine dieser für dich typischen Situationen kommen und dich erneut mit jemand anderen vergleichen, dann greif möglichst früh ein und hinterfrage diesen Vergleich. Sag in Gedanken STOP und denk an eine eigene Stärke, die dir innewohnt. Bemühe dich die kommende Woche mal darum, dies zu tun und all den Vergleichen einen Riegel vorzuschieben. Gelingt dir das?

➔ Übung Nr. 96: Die eigene Tagesstruktur auf den Prüfstand stellen

Jeder Mensch möchte seine Zeit möglichst sinnvoll verbringen und zumindest manchmal befriedigenden Beschäftigungen nachgehen. Eine Möglichkeit um dies zu bewerkstelligen, wäre es, sich ehrenamtlich zu engagieren (siehe Übung Nr. 85).

Doch um sich besser zu fühlen und das Gefühl zu haben, seine Zeit sinnvoll zu verbringen, reichen oft schon kleine Handlungen, die man während des Tages ausführt. Es muss ja nicht immer nur das Fernsehen sein – es gibt mit Sicherheit sinnvollere Aktivitäten, denen du nachgehen kannst (was nicht heißt, dass es ab heute verboten ist, fernzusehen ☺.)

Eines sollte nämlich nicht passieren: Der Beruf allein sollte nicht das einzig sinnstiftende Element in deinem Leben sein. Denn was passiert, wenn du von einem Tag auf den anderen deinen Job verlierst oder dich dein Beruf irgendwann nicht mehr so recht auszufüllen vermag? Dann kommst du mit Sicherheit in eine veritable Sinnkrise und dein Selbstvertrauen erleidet einen erneuten Rückschlag. Um dies zu vermeiden, empfehle ich dir, vorzubeugen und dir auch in deiner Freizeit Aktivitäten zu suchen, die dir Spaß machen und deinem Leben abseits vom Beruf einen Sinn geben.

Schau dir als erstes mal deine bisherige Tagesstruktur an. Was machst du so den ganzen Tag? Was machst du unmittelbar nach dem Aufstehen? Wie sieht dein Vormittag aus? Wie steht es um den Nachmittag? Was machst du außerhalb deines Jobs? Kuckst du ständig in die Glotze oder sitzt du womöglich ununterbrochen beim Wirten um die Ecke?

Frage dich dann, was du in Zukunft ändern willst. Frage dich vor allem, was in deinem Fall ein schöner Ausgleich zu deinem Beruf sein könnte.

Kommt womöglich sportliche Betätigung für dich in Frage? Oder solltest du deine zwischenmenschlichen Beziehungen besser pflegen, da du sie in der Vergangenheit stark vernachlässigt hast? Womöglich hast du keine Ahnung mehr davon, was sich in der Welt da draußen so alles tut. Solltest du vielleicht wieder damit anfangen, regelmäßig (anspruchsvolle) Zeitungen zu lesen? Gibt es etwas, das du immer schon mal lernen wolltest? Was gibt es, das du schon immer mal tun wolltest und dich abseits deines Jobs geistig fordern könnte?

➔ Übung Nr. 97: Lernen, sich besser zu organisieren

Mir ist eines aufgefallen: Wenn Leute sich weiterentwickeln wollen – also zum Beispiel ihr Selbstvertrauen steigern bzw. endlich ihre Ziele erreichen möchten – dann konzentrieren sie sich fast ausschließlich auf ihre Gedanken und auf ihr Unterbewusstsein. Fast jede(r) ist der Meinung, dass uns irgendetwas im Unterbewusstsein zurückhält oder sabotiert, sofern wir nicht das im Leben erreichen, was wir uns erhofft haben.

Zu einem großen Teil stimmt das natürlich. Doch wir vergessen dabei eines: Die Änderung der Gedanken und die Beeinflussung des Unterbewusstseins sind nur *eine* Seite der Medaille – wenn auch eine wichtige. Wir funktionieren nämlich in zwei Richtungen: Einerseits beeinflussen die Gedanken unser Verhalten. Andererseits beeinflusst auch das Verhalten unsere Gedanken. Und genau darum geht es in dieser Übung.

Setz vorgenommene Dinge in die Tat um!

Wenn du etwas aus freien Stücken in Gang setzt (anstatt durch äußeren Druck und inneren Stress gezwungen zu werden), dann sorgt das mit der Zeit für mehr Selbstvertrauen. Denn dadurch entwickelst du immer mehr das Gefühl, selbst der Kapitän zu sein und am Ruder zu sitzen. Jede erledigte Aufgabe gibt dir mehr Selbstsicherheit und sorgt dafür, dass du dir immer mehr zutraust.

Wenn du damit anfängst, etwas in die Tat umzusetzen, dann beginnst du mit der Zeit zu glauben, dass du auch etwas bewirken kannst. Und genau das sorgt dann dafür, dass tatsächlich was geschieht. Dies ist ein Kreislauf, der sich selbst ständig verstärkt.

Ich empfehle dir deshalb, mal folgende Schritte durchzugehen. Nimm dir dafür ausreichend Zeit – am besten einen ganzen Tag lang. Besonders gut eignet sich dazu womöglich das Wochenende. Denn glaub mir: Es lohnt sich wirklich, einen ganzen Tag dafür zu verwenden. Ich habe es auch getan und es hat mir wirklich viel gebracht.

Schritt 1: Unerledigte Dinge erfassen

Notiere alles, was du in nächster Zeit erledigen musst bzw. erledigen willst. Notiere wirklich alles – also nicht nur berufliche Sachen, sondern auch private.

Schritt 2: Die Liste durcharbeiten

Wenn du Schritt 1 sorgfältig erledigt hast, dann liegt wahrscheinlich eine Liste mit 50, 100 oder noch mehr Dingen vor dir, die du erledigen musst bzw. von denen du dir wünschst, dass du sie irgendwann erledigst. Jetzt gilt es, sich die Liste mal genauer anzusehen und Entscheidungen zu treffen.

Frage dich zuerst mal, ob man in der betreffenden Sache überhaupt etwas unternehmen kann. Wenn du nichts unternehmen kannst, dann musst du dich auch nicht weiter damit befassen. Vielmehr kannst du bewusst beschließen, dass diese Sache abgehakt und vom Tisch ist. Wenn du allerdings irgendwann etwas in dieser Sache unternehmen kannst und womöglich auch willst, dann halte es in Evidenz. Bewahre die

Unterlagen hierzu an einem getrennten Ort auf, wo du davon nicht abgelenkt wirst.

Falls du jetzt schon etwas tun kannst, dann bewerte als nächstes, ob eine Bearbeitung mehr als zwei Minuten dauert oder nicht. Dauert es nämlich nicht länger als zwei Minuten um eine bestimmte Sache zu erledigen, dann mach es gleich. Schieb es nicht weiter auf. Das gibt wirklich ein gutes Gefühl, wenn man all die Kleinigkeiten, die einem die ganze Zeit schon im Magen liegen, sofort vom Tisch bringt.

Für all jene Tätigkeiten, die mehr als zwei Minuten deiner Zeit beanspruchen, musst du als nächstes entscheiden, ob sie mehr als einen Schritt zur Durchführung erfordern oder nicht. Erfordern sie mehr als einen Schritt, dann definiere jeweils den nächsten konkreten Schritt, den du dabei unternehmen kannst. Dieser nächste Schritt sollte wirklich absolut konkret sein á la „Herrn Mayer zwecks Termin betreffend XY anrufen“. Solche konkreten Schritte verleiten eher zum Handeln.

Nun hast du also eine Liste mit lauter „nächsten Schritten“ vor dir. Jetzt musst du noch entscheiden, welche Dinge unbedingt bis zu einem bestimmten Zeitpunkt erledigt gehören und bei welchen Schritten es nicht so wichtig ist, bis wann sie erledigt werden.

Für all jene Sachen, die zu einer bestimmten Zeit getan werden müssen, solltest du einen Terminkalender führen, in den du diese Tätigkeiten einträgst. Doch Achtung: Trag wirklich nur jene Sachen ein, die wirklich an diesem Tag erledigt werden müssen (weil es sonst bereits zu spät wäre).

Alle anderen „nächsten Schritte“ dürfen auf deiner Liste bleiben. Diese kannst du abarbeiten, sobald du alles, was auf deinem Terminkalender steht, erledigt hast. Und das Schöne dabei: Es gibt nicht wirklich eine Priorität dafür. Du kannst das nach Lust und Laune und je nach Zeit, die du dafür zur Verfügung hast, abarbeiten.

Schritt 3: Regelmäßiges Durchsehen des Terminkalenders und der Liste der nächsten Schritte

Den Terminkalender solltest du jeden Tag durchsehen um nur ja nichts zu übersehen. Denn diese Dinge gehören unbedingt am selben Tag noch erledigt.

Auf die Liste der nächsten Schritte brauchst du nur dann einen Blick zu werfen, wenn du alles erledigt hast, was auf deinem Terminkalender steht für den jeweiligen Tag.

Schritt 4: Die Dinge anpacken

Bring voran, wofür du dich durch deinen Terminkalender und durch die Liste der nächsten Schritte verpflichtet hast. Du wirst sehen: Jedes Mal, wenn du eine Sache erledigt hast und du sie von der Liste streichen kannst, gibt das ein gutes Gefühl. Mit der Zeit erkennst du, dass du wirklich vieles schaffen kannst, wenn du die Dinge anpackst. Und das gibt Selbstvertrauen!

Auf diese Weise kannst du mit deinem Verhalten deine Einstellung dir selbst gegenüber deutlich verbessern.

➔ Übung Nr. 98: Neue Freunde gewinnen (1)

Ich weiß, neue Freunde gewinnt man nicht einfach so. Es ergibt sich, oder es ergibt sich eben nicht. Trotzdem gibt es bestimmte Verhaltensweisen, die dafür sorgen können, dass man besser bei anderen ankommt – und zwar ohne zum JA-Sager zu werden. Und es gibt eine gute Nachricht vorweg: Wenn du den Großteil der Übungen in diesem Buch mit der nötigen Sorgfalt gemacht hast, dann hat sich dein Selbstvertrauen und damit auch dein Auftreten bereits gewandelt. Positives Selbstvertrauen strahlt man nach außen hin aus und somit werden es auch deine Mitmenschen spüren. Das ist eine prima Basis um neue Menschen kennenzulernen und auch um Freunde zu gewinnen. In der Tat ist die Wahrscheinlichkeit groß, dass du die letzten Monate, in denen du mit diesem Buch gearbeitet hast, ohnehin bereits einige nette Bekanntschaften gemacht hast.

Und trotzdem möchte ich dir heute Aufgaben an die Hand geben, die du diese Woche noch in die Tat umsetzen kannst. Dabei orientiere ich mich übrigens an dem bekannten Buch von Dale Carnegie „Wie man Freunde gewinnt“. Wenn du noch mehr Tipps dahingehend willst, dann rate ich dir, das Buch zu kaufen. Es lohnt sich wirklich.

Doch genug der Worte, fangen wir mit der ersten Aufgabe an ☺. Konzentriere dich eine Woche lang auf zwei Dinge:

Hör auf zu kritisieren

Versuche in diesen sieben Tagen niemanden zu kritisieren, egal wie er sich verhält und was er gesagt oder gemacht hat. Laut Carnegie ist es nämlich nutzlos jemanden zu kritisieren, weil man denjenigen damit nur in die Defensive drängt und dieser meist damit anfängt, sich für das eigene Handeln zu rechtfertigen. Außerdem führt Kritik dazu, dass sich die Person, die man kritisiert, dadurch verletzt vorkommt. Wir dürfen nie vergessen, dass wir es nicht mit logischen Wesen zu tun haben, sondern mit Menschen voller Gefühle, voller Eitelkeit und Vorurteilen.

Doch Achtung: Verwechsle das „nicht kritisieren" keinesfalls mit „sich alles gefallen lassen". Denk doch einfach mal an so manche Streits zurück. Wann hast du dich das letzte Mal mit irgendjemand gestritten? Das ist sicher noch nicht allzu lange her, hab ich Recht? Vielleicht hast du dich die letzten Tage mal mit deiner Frau / deinem Mann oder mit deinen Eltern / deinen Kindern gezankt. Vielleicht war es der Nachbar oder ein Freund / eine Freundin. Ganz egal: Hat es wirklich etwas genützt, sich zu streiten? Wenn du ehrlich bist, nützt Streit und scharfe Kritik fast nie etwas, weil sich dann der andere für Veränderungen verschließt.

Wenn wir Vorwürfe machen, tut der andere dann sicher nicht das, was wir von ihm erwarten, da dieser dann eingestehen müsste, dass er auf dem Holzweg war. Und das macht in der Regel niemand. Deshalb nützt es auch überhaupt nichts, jemanden zu kritisieren. Besser ist es ganz ruhig das streitvolle Thema anzusprechen und nach einer beiderseits befriedigenden Lösung zu suchen. Es ist hundertmal besser zu sagen, was man selbst dabei fühlt und denkt als dem anderen Vorwürfe zu machen.

Kritisiere also mal eine Woche lang keinen deiner Mitmenschen. Wie fühlt sich das an? Funktioniert es überhaupt? Kannst du das überhaupt schaffen?

Gib aufrichtige Anerkennung

An der zweiten Aufgabe kannst du dich parallel zur ersten versuchen. Wenn dir das jedoch zu schwierig erscheint, dich auf zwei Dinge gleichzeitig zu konzentrieren (vielleicht, weil es dir schon schwer genug fällt, niemanden zu kritisieren), dann setze die zweite Aufgabe eben erst eine Woche später um. Führe sie sodann ebenfalls mindestens eine volle Woche lang aus!

Der Inhalt dieser zweiten Aufgabe ist, den Menschen in deiner unmittelbaren Umgebung aufrichtige Anerkennung zuteil werden zu lassen.

Wann hast du das letzte Mal einem deiner Mitmenschen Komplimente gemacht – und damit meine ich wirklich ehrlich gemeinte Komplimente? Wenn du nicht so der Typ bist, der sich damit leicht tut, anderen Leuten Komplimente zu machen, dann ist diese Übung umso wichtiger für dich. Versuch dich doch eine Woche lang darin. Doch bitte achte darauf, dass deine Komplimente ehrlich gemeint sind. Fang nicht damit an, anderen Leuten einfach nur Honig ums Maul schmieren zu wollen, nur damit sie dich mögen. Das funktioniert in der Regel nicht, weil sie es durchschauen werden.

➔ Übung Nr. 99: Neue Freunde gewinnen (2)

Mit den ersten beiden Aufgaben aus Teil 1 hast du die Grundlagen dafür gelegt, gut mit deinen Mitmenschen auszukommen und einen guten Eindruck auf andere zu machen. In der Tat sind diese zwei Aufgaben so wichtig, dass du dich auch weiterhin darum bemühen solltest, andere nicht unsachlich zu kritisieren und ihnen von Zeit zu Zeit gerechtfertigte Komplimente zu machen. Doch in dieser zweiten Übung habe ich noch drei weitere Aufgaben für dich, die dich mit Sicherheit noch beliebter bei deinen Mitmenschen werden lassen:

Merk dir die Namen deiner Gesprächspartner

Ich bin mir durchaus bewusst, dass es für Menschen mit geringem Selbstvertrauen oft sagenhaft schwer ist, sich die Namen anderer Leute zu merken. Mir ist es nämlich lange Zeit genauso ergangen.

Wenn du zwischen mangelndem Selbstvertrauen und dem Nicht-Merken von Namen keinen Zusammenhang erkennst, dann will ich dir das kurz erläutern:

Wenn man ein sehr schwach ausgeprägtes Selbstvertrauen hat, dann ist die Wahrscheinlichkeit groß, dass man nervös ist, wenn man mit fremden Personen zusammentrifft. Wenn dir also jemand anderes die Hand reicht und dir seinen / ihren Namen verrät, dann kannst du dich nicht sonderlich darauf konzentrieren, weil du bereits überlegst, was du als nächstes sagen und tun sollst. Der Grund ist der, dass selbstwertschwache Personen immer darauf bedacht sind, sich nicht zu blamieren und von anderen möglichst gut wahrgenommen zu werden. Sie setzen sich dabei so unter Druck, dass sie sich auf das eigentliche Gespräch nicht richtig konzentrieren können (und damit oft genug genau das verursachen, was sie verhindern wollen: nämlich als nervöse und unsichere Person wahrgenommen zu werden). Wenn du nicht hinhörst und den Namen somit von vornherein nicht mitbekommst, dann kannst du ihn dir auch nicht merken.

Sich nicht den Namen anderer Personen zu merken ist allerdings schlecht, denn für jeden Menschen ist sein eigener Name das wichtigste Wort auf der Welt. Der Durchschnittsmensch ist an seinem eigenen Namen mehr interessiert als an allen anderen Namen der Welt. Wir Menschen sind nämlich zutiefst egoistisch. Deshalb sollte man sich die Namen anderer Leute merken und diese auch aussprechen.

Konzentriere dich also die nächste Woche darauf, dir alle Namen von jenen Personen zu merken, die dir während dieser 7 Tage über den Weg laufen und sich möglicherweise bei dir vorstellen.

Wenn du während der Vorstellung nicht darauf geachtet hast, dann kannst du ja mal kurz nachfragen, wie der Name noch gleich war. Wenn du dir trotzdem schwer tust mit dem Erinnern der Namen, dann schreib sie dir gleich nach dem Gespräch auf und wiederhole sie ein paar Mal im Gedächtnis. Wenn du die Person das nächste Mal triffst, dann sprich sie gleich mit Namen an. Und seien wir mal ehrlich: Das kommt immer gut an.

Lerne richtig zuzuhören

Das ist ein großes Problem geworden. Wir neigen dazu, anderen immer nur von uns selbst erzählen zu wollen. Im Gespräch kommt es dann oft genug vor, dass wir dem anderen gar nicht mehr richtig zuhören, sondern nur darauf warten, bis dieser mit dem Erzählen endlich fertig ist, um unsere eigene Geschichte hervorkehren zu können. Oft genug überlegen wir während der andere noch redet, von was wir als nächstes erzählen könnten. Doch wie man aus neuen Forschungen weiß, ist das Phänomen des Multitaskings völliger Quatsch (und nein, auch Frauen können es laut wissenschaftlicher Forschung genauso wenig wie Männer).

Konzentriere dich bewusst eine Woche lang darauf, dass du anderen genau zuhörst und nicht ständig darüber nachdenkst, was du ihnen als nächstes erzählen könntest. Hör deinen Mitmenschen zu und zeig auch Interesse am Gesagten. Am besten ermutigst du sie sogar, mehr darüber zu erzählen (sofern das Thema nicht allzu unerträglich für dich ist ☺).

Probiere es einfach mal aus. Du wirst merken, wie dein Gegenüber richtig aufblüht dabei, wenn du aufrichtig Interesse zeigst. Denn das ist in unserer heutigen Gesellschaft alles andere als üblich, dass sich jemand für das interessiert, was man zu sagen hat.

Vergiss nicht zu lächeln

Das hast du ja schon in Übung Nr. 37 geübt. Doch ich halte dies für dermaßen wichtig, dass ich noch einmal darauf hinweisen möchte: Ein Lächeln verschönt den Tag – nicht nur demjenigen der lächelt. Auch den anderen verschönt es den Tag. Es ist viel schwieriger missmutig zu sein, wenn andere Menschen um einen herum lächeln und bester Laune sind. Versuche deshalb öfter mal zu lächeln, wenn du mit anderen zusammen bist.

Eine mögliche Zusatzaufgabe:

Es gibt doch sicher Menschen, mit denen du früher häufig in Kontakt warst und von denen du schon lange nichts mehr gehört hast. Kontaktiere noch heute eine dieser Personen. Ruf sie an oder schreib ihr eine E-Mail bzw. kontaktiere sie auf Facebook oder sonst wo. Vielleicht könnt ihr euch ja mal auf einen Kaffee treffen – wer weiß ☺.

LITERATUR

Achtsamkeit im Alltag: Sich in drei Wochen besser fühlen (2014): Roland Kopp-Wichmann; Kindle Edition

Autosuggestion: Wie man die Herrschaft über sich selbst gewinnt (2012): Emile Coué; AT Verlag

Die Macht der Disziplin: Wie wir unseren Willen trainieren können (2012): Roy Baumeister & John Tierney; Campus Verlag

Die Macht der Gewohnheit: Warum wir tun, was wir tun (2012): Charles Duhigg; Berlin Verlag

Lass los, was dich klein macht (2011): Sigrid Engelbrecht; GRÄFE UND UNZER Verlag

Meditation für Dummies (2011): Stephan Bodian; Verlag Wiley-VCH

Mein Buch der Stärken (2012): Sigrid Engelbrecht; GRÄFE UND UNZER Verlag

Selbstvertrauen in sieben Tagen: Ihr Trainingsbuch für souveränes Auftreten (2007): Ros Taylor u.a.; mvg Verlag

Selbstwert. Die beste Investition Ihres Lebens: Ein Trainingsbuch (2008): Matthew McKay u.a.; Junfermann Verlag

So gewinnen Sie mehr Selbstvertrauen: Sich annehmen, Freundschaft mit sich schließen, den inneren Kritiker besiegen (2001): Rolf Merkle; PAL Verlag

Was ist eigentlich Gestalttherapie?: Eine Einführung für Neugierige (2009): Frank-M. Staemmler; EHP-Verlag

Wie ich die Dinge geregelt kriege: Selbstmanagement für den Alltag (2007): David Allen; Piper Taschenbuch

Wie man Freunde gewinnt: Die Kunst, beliebt und einflussreich zu werden (2011): Dale Carnegie; FISCHER Taschenbuch

5 Dinge, die Sterbende am meisten bereuen: Einsichten, die Ihr Leben verändern werden (2013): Bronnie Ware; Arkana-Verlag

Psychologie Heute (Ausgabe November 2013 S. 20ff), Das innere Team – Finden Sie heraus, was in Ihnen los ist: Ursula Nuber

ebd.: (S. 26ff) Ordnung ins Chaos bringen – Das innere Team in Beratung und Therapie: Birgit Schönberger

Psychologie Heute (Ausgabe Februar 2014 S. 30ff), Pilgern ohne Glauben: Susie Reinhardt

Sciencemag.org (18. Oktober 2013: Reading Literary Fiction Improves Theory of Mind): David Comer Kidd & Emanuele Castano

NACHWORT

Dies ist die letzte beschriebene Seite in diesem Buch. Wenn du es bis hierhin geschafft hast, dann sollte dein Selbstvertrauen bereits eine deutlich positive Entwicklung genommen haben. Wenn dies nicht der Fall sein sollte, dann ist die Wahrscheinlichkeit groß, dass du dieses Buch lediglich als Urlaubslektüre genutzt hast – und zwar ohne auch nur eine einzige Übung daraus zu machen.

Falls Letztgenanntes auf dich zutreffen sollte, dann geh bitte zurück an den Start und bearbeite die Übungen in der beschriebenen Art und Weise. Zumindest hast du ja jetzt einen guten Überblick davon, was dich in diesem Buch so alles erwartet. Jetzt solltest du die Ärmel hochkrempeln und dich an die Arbeit machen. Und es bedeutet wirklich Arbeit – dessen bin ich mir durchaus bewusst. Doch die ganze Mühe lohnt sich ☺.

Doch egal ob du nun seit Monaten mit diesem Buch arbeitest oder nicht – teile mir bitte mit, wie es dir gefällt. Wie ist dein Gesamteindruck? Findest du die Übungen sinnvoll und schlüssig? Welche Übungen haben dir besonders gut gefallen? Hast du bereits neues Selbstvertrauen gewonnen, seit du mit diesem Buch arbeitest? Teile mir doch bitte deine Meinung mit! Du kannst mich zum Beispiel unter der Mailadresse m.gruenstaeudl@hotmail.com erreichen. Oder besuch doch mal meinen Blog unter http://1001erfolgsgeheimnisse.com und hinterlass dort einen Kommentar. Besonders freuen würde ich mich auch über die eine oder andere Kundenrezension bei Amazon ☺.

Liebe Grüße und alles Gute!

Martin

Krems an der Donau (Österreich)
im Mai 2014

15887060R00107

Printed in Great Britain
by Amazon